Wolfgang Schnepper

**Fußball-kuriose Regelentwicklung, bizarre Schiedsrich-
terentscheidungen, extremes Fehlverhalten von Fußball-
Profis, die brutalsten Fouls, die coolsten Fußballsprüche, die
schlimmsten Katastrophen im und um den Fußballsport, das
"harte Brot" der Profi-Fußballer und vieles mehr**

Wolfgang Schnepper, Jahrgang 1964, Diplomsportlehrer,
Ex-Bezirksligaspieler im Fußball,
1988-89 in der deutschen Triathlonspitze,
1990 Bayerischer Meister im Body-Building,
1998 Konditionstrainer im bezahlten Fußball

Bibliografische Informationen der Deutschen
Nationalbibliothek: Die Deutsche Nationalbibliothek
verzeichnet diese Publikation in der Deutschen
Nationalbibliografie; detaillierte bibliografische Daten sind
im Internet über http://dnb.d-nb.de abrufbar.

©2019 Wolfgang Schnepper
Herstellung und Verlag: Books on Demand GmbH
Norderstedt
Satz und Layout: Wolfgang Schnepper

ISBN 978-3-7494-6935-2

Inhalt

Vorwort

Vorwort

In diesem Buch wird die Entstehungsgeschichte des Fußballs mit ihrer kuriosen Regelentwicklung genau beschrieben. Darauf folgt die Schilderung der merkwürdigsten Schiedsrichterentscheidungen, von extremen Fehlverhalten einiger Fußball-Profis, der brutalsten Fouls, der lustigsten Fußballsprüche von Profispielern und Trainern, der schlimmsten Katastrophen im und um den Fußballsport, das "harte Brot" des Profi-Fußballers und vieles mehr.

 # Kuriose Regelentwicklung

Frühe Geschichte des Fußballs und kuriose Regelentwicklung

Fußballähnliche Spiele wurden schon vor etwa 3000 Jahren bei den Indianern Nordamerikas ausgetragen oder vor etwa 2300 Jahren bei den Chinesen, aber mit diesen Spielformen wollen wir uns hier nicht beschäftigen. Mit dem modernen Fußball hatte dies nichts zu tun.

Das Mutterland des modernen Fußballs ist England zum Zeitpunkt der frühen Industrialisierung.

Zum Zeitpunkt der Industriellen Revolution wurde in England Fußball gespielt, wobei zwei Dörfer versuchten, einen Ball durch das gegnerische Stadttor zu bekommen. Hierbei war so ziemlich alles erlaubt, schwere Verletzungen, sogar mit Todesfolge (geschichtlich aber nicht eindeutig belegt), blieben nicht aus. Das Spielfeld lag zwischen diesen beiden Dörfern, Entfernungen von mehreren Meilen (!) waren keine Seltenheit.

Wegen der hohen Brutalität wurden die Spiele immer wieder durch die Kirche und das Königshaus verboten, und die Spiele gingen mehr und mehr zurück.

Während das Fußballspielen der Landbevölkerung abnahm, wurde es an Schulen und Universitäten Englands immer beliebter. Das Fußballspiel diente hier zur „Leibesertüchtigung".

Die Regeln waren aber so uneinheitlich, dass Fußballmannschaften verschiedener Privatschulen und Universitäten nicht gegeneinander antreten konnten.

 # Kuriose Regelentwicklung

Die **ersten Fußballregeln wurden 1848** an der Universität Cambridge von Studenten aufgestellt, die Mannschaften auf 15 bis 20 Spieler begrenzt.

Mit dem FC Sheffield wurde 1857 der erste Fußballclub der Welt gegründet. 1863 entstand in London die Football Association (FA), die mit ihrem umfangreichen Regelwerk den gesamten Fußball entscheidend veränderten.

1866 wurde die, bis dahin vom Rugby übernommene, Abseitsregel abgeändert. Ein Spieler stand nur noch im Abseits, wenn er bei der Ballannahme weniger als drei Gegenspieler vor sich hatte. Die noch heute geltende Rugby Abseitsregel verbietet das Passspiel nach vorne.

Bald wurde auch der Freistoß und der Eckball eingeführt. 1870 reduzierte die FA die Zahl der Spieler auf elf und Verbot 1871 allen Feldspielern das Spielen mit der Hand. In der gesamten eigenen Hälfte wurde dem Torwart weiterhin erlaubt, den Ball mit der Hand zu spielen, allerdings musste er ihn nach zwei Schritten wieder freigeben. Jetzt war das Fußballspiel eindeutig vom Rugby Football abgegrenzt.

Mit diesen Schilderungen dürfte jedem klar sein, wer den modernen Fußball erfunden hat. England ist das Mutterland des Fußballs, ohne „Wenn" und „Aber".

Kuriose Regelentwicklung

Entwicklung der wichtigsten Fußballregeln in Kurzform

1872 beschloss die FA eine einheitliche Ballgröße, und am 30. November desselben Jahres spielten in der Nähe von Glasgow eine schottische und eine englische Auswahl gegeneinander. Das **erste offizielle Länderspiel** nahm ihren Verlauf und endete tatsächlich mit einem 0 : 0.

1872 wurde dann auch mit dem FA-Cup der erste nationale Wettstreit gestartet.

1874 leitete endlich ein **Schiedsrichter** die Fußballpartien.

1875 wurde die Höhe der Querlattenunterkante mit 2,44 m festgelegt, und die **Halbzeitpause mit Seitenwechsel** beschlossen.

1877 bekam der Schiedsrichter das Recht, **Platzverweise** zu erteilen.

Und tatsächlich fand schon **1878** das erste Spiel unter Flutlicht in Sheffield statt.

1880 kam der **Freistoß** bei Regelverstößen und Foulspiel, Schienenbeinschützer werden verbindlich.

In Nottingham wurde 1878 erstmals das Spiel mit einer Trillerpfeife durch den Schiedsrichter geleitet.

1882 begann der Einwurf mit beiden Händen, und 1883 wurden dem Schiedsrichter zwei Linienrichter unterstellt.

1890 folgten das Tornetz, 1891 der Strafstoß und 1897 eine genauere Katalogisierung der verschiedenen Foulspiels.

1888 wurde die erste Liga in England gegründet, und der erste Fußballmeister einer Nation wurde Preston North End.

1893 wird festgelegt, dass in Deutschland die Spielfelder frei von Bäumen und Sträuchern (!) sein müssen, die Form des Strafraums muss rechteckig sein.

9

Kuriose Regelentwicklung

1897: Einführung der Begriffe „vorsätzlich" und „absichtlich" zur Abstufung des Strafkataloges für Foulspiel.

Ja, **1899** kam bereits die Erlaubnis für einen bezahlten Vereinswechsel. Hier wurde noch ein Höchstbetrag von 10 Pfund festgelegt (die heutigen Ablösesummen haben schon extreme Dimensionen angenommen).

1902 wird der Strafstoßpunkt eingeführt.

1903 darf der Torwart nur noch im eigenen Strafraum mit der Hand spielen.

1904 wird der „indirekte Freistoß" eingeführt, und die Hosen der Spieler müssen die Knie nicht mehr bedecken.

1906 wurden einige wichtige Regeln beschlossen. Der Torwart darf beim Strafstoß die Torlinie nicht mehr verlassen, Metalleinlagen in den Fußballschuhen werden verboten, der Ball muss aus Leder gefertigt sein, und die Schiedsrichter müssen ein Spielerprotokoll erstellen.

1907 wird endlich das Abseits in der eigenen Spielhälfte abgeschafft.

1909 werden genauere Bestimmungen für einen Platzverweis festgelegt.

1913 kommt es endlich wieder zur Einführung einer sinnvollen Regel. Der Abstand zwischen Schütze oder Passgeber und Gegenspieler wird auf 10 Yards festgelegt.

1920 wird das Abseits beim Einwurf abgeschafft.

1924 darf der Eckball direkt ins Tor geschossen werden. Wohl eine wahre Freude für Experten der Schusstechnik.

# Kuriose Regelentwicklung

1925 wird die **Abseitsregel** verändert, und endlich das Spiel schneller und spannender. Im Moment einer Ballabgabe müssen sich zwischen dem Spieler und dem Tor nur noch mindestens zwei Gegenspieler befinden, und nicht drei.

1939 werden die **Rückennummern** eingeführt.

1966 kommt es endlich zur Einführung einer weiteren wichtigen Regel. Unabhängig von Verletzungen dürfen zwei Spieler während des Spiels ausgewechselt werden (offizielle Einführung 1969 weltweit).

1970 geschieht bei der Fußballweltmeisterschaft wieder etwas Wichtiges: Offiziell werden die **„Gelben und Roten Karten"** eingeführt, nach Verlängerungen erfolgt ein **Elfmeterschießen.**

1970 wird in Deutschland das Fußballspielverbot für Frauen aufgehoben, 1971 dürfen 5 Auswechselspieler vornominiert werden.

1974 wird die Sperre nach drei gelben Karten im Pokal oder in der Bundesliga eingeführt, 1983 endlich die Rote Karte für die Notbremse, und 1984 die Gelbe Karte für „übertriebenen Jubel", na ja.

1990 ist es endlich so weit, **„Gleiche Höhe" ist nicht mehr Abseits,** die Folge, das Spiel wird schneller und leichter für die Stürmer, endlich fallen wieder mehr Tore.

1991 kommt die Gelb-Rote Karte als abgestufter Platzverweis.

1992 wird der erlaubte Rückpass zum Torwart stark eingeschränkt, weil er den Ball nicht mehr mit der Hand aufnehmen darf.

1993 wird endlich die Blutgrätsche verboten (Grätsche von hinten),

1995 wird die Einwechslung von drei Ersatzspielern erlaubt.

1995 wird die Halbzeitpausendauer auf 15 Minuten ausgedehnt.

 # Kuriose Regelentwicklung

Danach kam es immer wieder zu kleinen Regeländerungen, die wir hier aber nicht weiter ausführen werden. Fast jedes Jahr gibt es diese kleinen Veränderungen.

Der Fußball kommt nach Europa

Ja, viele werden es nicht glauben, aber in Europa setzte sich der Fußball zuerst in der **Schweiz** durch. Natürlich waren die Engländer dafür verantwortlich. Engländer, die in der Schweiz an Privatschulen studierten, brachten **um 1860** den Einheimischen den Fußballsport bei.

Lausanne Football ist der älteste Schweizer Verein mit einem Gründerdatum von 1860. **FC St. Gallen** wurde 1879 gegründet, und ist der älteste noch bestehende Schweizer Verein. Die Schweizer wiederum sorgten für die Expansion des Fußballs in die angrenzenden Länder.

Der französische Verein **Stade Helvétique Marseille** wurde von Schweizern gegründet, und holte 1909 die französische Meisterschaft. Das Interessante an der Geschichte ist, dass die Mannschaft aus zehn Schweizern und einem Engländer bestand.

Von Frankreich aus kam der Fußball nach Spanien, hier gründete Hans Gamper den **FC Barcelona**.

Zu dieser Zeit sorgte auch Dänemark für die Ausbreitung des Fußballsports in die anliegenden Länder.

 # Kuriose Regelentwicklung

Der Fußball wird in Deutschland heimisch

Die Geschichte des deutschen Fußballs begann mit **Professor Konrad Koch**, **August Hermann** und **Friedrich Heck 1868** am Martino-Katharineum in Braunschweig.

Professor Konrad Koch war Lehrer und unterrichtete alte Sprachen und Deutsch. Bei einem relativ kurzen Aufenthalt in England lernte er den Fußballsport kennen, und war sofort von ihm begeistert. Er wollte ihn mit allem Ehrgeiz nach Deutschland bringen. Bei diesem Unterfangen wurde er von diversen Personen unterstützt, ohne die ein Gelingen unmöglich gewesen wäre.

Wir müssen allerdings betonen, dass auch ohne Professor Koch der Fußball nach Deutschland gekommen wäre, allerdings wohl einige Jahre später.

Der wichtigste Unterstützer von Prof. Dr. Koch war August Hermann, der etwa 1874 einen Fußball aus London nach Braunschweig kommen ließ. Diese beiden Freunde starteten nun mit Schülern das erste Fußballspiel auf deutschem Boden.

Einen weiteren Verbündeten fanden die beiden Freunde in Friedrich Reck, der im Vorstand des Braunschweigers Gymnasium saß, an dem Hermann und Koch unterrichteten.

Reck war der Schwiegervater von Koch, und hielt den Fußballsport hervorragend geeignet für die Leibesertüchtigung der deutschen Jugend. Auch der Schuldirektor Karl Gustav Gravenhorst legte den Dreien keine Steine in den Weg, und der deutsche Sport sollte eine gravierende Veränderung erfahren.

Ja, die Fußballrevolution begann in Braunschweig, und breitete sich schnell in ganz Deutschland aus.

Kuriose Regelentwicklung

Also irgendwann 1874 trat eine Klasse des Katharineums auf den Schulhof und Herrmann warf den Ball einfach in die Gruppe.

Gespielt wurde auf zwei Tore und das erste Fußballspiel in Deutschland nahm seinen Lauf. Damals ahnte noch niemand, welche Bedeutung dieses erste Spiel auf deutschem Boden haben würde, und in welchen Dimensionen dieser Sport sich ausdehnen würde. Gespielt wurde mit wenigen Regeln und 15 gegen 15. Der Ball durfte sogar mit der Hand aufgenommen werden.

Doch Professor Konrad Koch, August Hermann und Friedrich Heck stießen auf Widerstand aus dem Kaiserreich. Der Sportunterricht sollte aus dem Turnsport und militärischem Exerzieren aufgebaut sein, die Vermittlung von Zucht und Ordnung stand im Mittelpunkt. Fußball und andere Sportspiele wurden verachtet, besonders wenn sie auch noch aus dem verhassten England stammten.

Die Aversion der deutschen Traditionalisten gegen englische Fußballclubs und -ligen war riesengroß.

„Fusslümmelei und englische Krankheit" nannte der Stuttgarter Lehrer Karl Planck seine Polemik gegen den Fußball. Doch trotz allem hielten die beiden Lehrer am Fußball fest.

„Eine Erziehung, die sich mit vollem Bewusstsein auch der Pflege der ethischen Tugenden unterziehen will, muss ihre Wirksamkeit auf den Sportplatz ausdehnen", erklärte Koch.

1875 gründete er den ersten Fußballverein für Schüler, und damit den ersten inoffiziellen Fußballverein in Deutschland. Im gleichen Jahr stellte er die ersten verbindlichen Regeln auf.

1888 wurde mit dem **BFC Germania 1888** der erste offizielle Fußballclub gegründet.

 # Kuriose Regelentwicklung

1895 entstand der Fußballverein Eintracht Braunschweig, der 72 Jahre später Deutscher Fußballmeister wurde.

Ende des 19. Jahrhunderts breitete sich somit der Fußballsport mit „Schallgeschwindigkeit" in Deutschland aus.

Fußball in Brasilien

Tatsächlich führten die Engländer, wie in vielen anderen Ländern auch, den Fußball in Brasilien ein. Es war **Charles William Miller**, Sohn eines eingewanderten Ingenieurs, der zwei Lederbälle mit nach **Sao Paulo** brachte. Zuvor hatte Charles William Miller einige Zeit als Mittelstürmer in Southampton gespielt.

Schnell wurden daraufhin durch englische Kaufleute, Sportclubs nach englischem Vorbild gegründet. Diese englischen Kaufleute machten den größten Teil der Fabrikanten, Ingenieure und Importeure in Brasilien aus.

Außerhalb der Cricketsaison starteten diese Clubs mit ihren illustren Mitgliedern die Fußballsaison in Brasilien. Das erste belegte Fußballspiel fand 1895 in diesem Land statt. 1901 kam es zu einem Spiel zwischen einem Amateurteam aus Sao Paulo und den Mitgliedern eines Cricketclubs aus Rio de Janeiro.

Schon kurze Zeit später entwickelten sich Fußball-Ligen in den großen Städten. Und auch noch heutige Topvereine, wie **Fluminense** und **Botafogo** zählten zu den Gründungsvereinen.

1902 gewann die Mannschaft Athletic Club die erste Meisterschaft von Sao Paulo und verteidigte den Titel auch in den beiden folgenden Jahren.

# Kuriose Regelentwicklung

1905 geschah dann etwas vollkommen Unerwartetes. Zum ersten Mal wurde die Vorherrschaft der Engländer im Fußballsport gebrochen. Der Club **Athletico Paulistano** gewann mit einem brasilianischen Team die Meisterschaft von Sao Paulo.

Bald darauf wurden die ersten brasilianischen Meisterschaften ausgetragen. Der Fußballsport war in Brasilien nicht mehr aufzuhalten. An dieser Euphorie waren aber auch die Deutschen beteiligt.

1899 gründete der aus Hamburg stammende Hans Nobiling den Sport Club Germania.

1900 wurde von deutschen der Sport Club Rio Grande an der Grenze zu Uruguay gegründet.

Bizarre Schiedsrichterentscheidungen und mehr

Darf ein Schiedsrichter in bestimmten Fällen ein Tor zulassen, wenn es mit der Hand erzielt wird?

Es ist durchaus möglich, mit der Hand ein Tor zu erzielen! Feldspieler dürfen mit ihren Händen ein Tor erzielen, wenn der Ball beispielsweise nach einer Parade des Torhüters gegen den Arm des Stürmers und dann ins Tor fliegt, zählt der Treffer. Voraussetzung ist natürlich, dass dem Angreifer kein Vorsatz zu unterstellen ist. Selbstverständlich kommt so etwas äußerst selten vor, Pierre-Emerick Aubameyang schaffte es jedoch Ende 2017 im Ruhrpott-Derby.

Darf nur auf dem Spielfeld verwarnt werden?

Ein Spieler kann tatsächlich überall verwarnt werden, nicht nur während des Spiels. Der Schiedsrichter kann sogar schon disziplinarische Maßnahmen ergreifen, wenn ein Spieler im Stadion ankommt oder dieses gerade verlassen will. Die gelbe Karte wird aber nur auf dem Spielfeld gezeigt. Wird ein Spieler außerhalb des Platzes verwarnt, muss der Unparteiische den Mannschaftskapitän über die Maßnahme informieren.

Kann man mit einem direkten Freistoß ein Eigentor erzielen?

Nein, es ist nicht erlaubt, mit einem direkten Freistoß ein Eigentor zu erzielen. Wenn ein Spieler den Ball durch einen Abstoß, Freistoß (direkt oder indirekt) oder einen Einwurf direkt zwischen die eigenen Pfosten befördert, ist das Tor ungültig. Das Spiel wird dann mit einer Ecke für die gegnerische Mannschaft fortgesetzt.

Zählt ein Tor vom Anstoß-Punkt?

Das Tor kann auch vom Anstoß geschossen werden. Vom kleinen Punkt im Mittelkreis kann man versuchen, den Torhüter zu überlisten, ohne vorher einen Mitspieler anzuspielen und einfach direkt ins Tor schießen. Klappt allerdings selten.

Wann ist die Abseitregel auf jeden Fall aufgehoben?

Ein Spieler kann nie bei einem Einwurf, in der eigenen Hälfte oder bei einem flachen Abstoß im Abseits stehen.

Dürfen Spieler ihre Tore feiern, wie sie wollen?

Natürlich ist das Feiern und Jubeln eines Tores erlaubt. Spieler werden dabei immer kreativer, manchmal schön und lustig, manchmal eher geschmacklos. Wichtig ist hierbei aber der Respekt vor dem Gegner. Wenn ein Spieler nach einem Tor seine Freude übertreibt (wie zum Beispielt, das Trikot auszuziehen, eine schnelle Wiederaufnahme des Spiels zu verhindern oder die Eckfahne zu zerstören), ist der Schiedsrichter verpflichtet, Gelb zu geben.

Was geschieht, wenn ein Spieler wegen eines Pfiffs von der Tribüne das Spiel unterbricht?

Manchmal kommt ein Pfiff von den Rängen. Dabei kommt es schon mal vor, dass ein Spieler durch das Geräusch irritiert wird und beispielsweise den Ball in die Hand nimmt. Das Spiel geht dann einfach mit einem Schiedsrichterball weiter. Der betreffende Spieler bekommt keine Verwarnung. Zuschauer, die sich solcher Pfiffe bedienen, handeln natürlich extrem unsportlich und sollten aus dem Stadion verwiesen werden. Zum Glück geschieht dies im Amateurbereich sehr selten.

Dürfen Schuhe oder Schienenbeinschützer unorthodox eingesetzt werden?

Würde mit den Schienbeinschonern oder einem Schuh der Ball weg geschlagen werden, wäre das ein Foul, im Strafraum sogar ein Elfmeter.

Was passiert, wenn z.B. ein Balljunge ein Tor verhindert?

Geschieht dies während eines Angriffs oder eines Freistoßes, wird der Ball vom Schiedsrichter zurück ins Spiel gebracht. Bei einem Elfmeter wird dieser einfach wiederholt.

Darf ein gerade eingewechselter Spieler einen Standard durchführen?

Der Einwechselspieler darf keinen Eckball, Freistoß oder Einwurf selbst ausführen. Nur Einen Elfmeter darf er schießen. Carlo Ancelotti wechselte beispielsweise Andrea da Brescia ins Spiel ein, um ihn einen Strafstoß ausführen zu lassen.

Wie viele Spieler dürfen beim Schiedsrichterball um den Ball streiten?

Die Anzahl der Spieler ist offen. Meistens ist es ohnehin klar, wem der Ballbesitz zusteht, und es kommt dank Fairplay nicht zu unschönem Gerangel.

Zu einer traurigen Entscheidung kam Marija Kurtes aus Düsseldorf. Als bei einem Elfmeter eine Mitspielerin der Schützin zu früh in den Strafraum rannte, entschied sie auf Freistoß für den Gegner. Eigentlich hätte sie den Elfmeter wiederholen lassen müssen.

Bei einem Spiel der englischen Freizeitliga hielt sich Schiri Andy Wain genauestens an die Regeln. Nachdem er einem meckernden Spieler eine gewatscht hatte, zog er für sich die Rote Karte. Das Spiel wurde abgebrochen.

Beim Abschiedsspiel des Brasilianers Alex zeigte der Schiedsrichter seinen Respekt auf sonderliche Weise. Als er auf Freistoß pfiff und der scheidende Star persönlich zur Ausführung schritt, nahm er sein Freistoßspray und sprühte in großen Buchstaben "A-L-E-X" auf den Rasen.

In Südafrika ging es 1999 bei einem Spiel der Hartbeesfontein Wallabies sehr brutal zu. Als dem Auswärtsteam der Anschlusstreffer gelang, liefen mehrere Fans der Heimmannschaft auf das Spielfeld. Ein Spieler der Wallabies nutzte die Gelegenheit, um sich abseits des Spielfeldes ein Messer zu besorgen, und damit auf den Schiri loszugehen. Dieser erschoss den Angreifer eiskalt. Wo der Angreifer die Pistole her hatte, ist niemals gekärt worden.

 **Bizarre Schiedsrichterentscheidungen und mehr**

Die Fußballregeln sind für manche Schiedsrichter und Fußballspieler zu kompliziert. Wie sollte Abwehrspielerin Bruna
von Äquatorialguinea auch wissen, dass man den Ball nicht in
die Hand nehmen darf. Im Spiel gegen Australien bei der WM
2011 fing sie einen Abpraller vom Pfosten mit beiden Händen
auf und hielt ihn drei Sekunden lang fest. Schließlich ließ sie
den Ball fallen, die Torhüterin schnappte sich die "Pille" und
schlug ab. Schiedsrichterin Gyonengi Gaal ließ vollkommen
gelassen weiterspielen!!!!!!

Ein falscher Einwurf kann schon mal vorkommen. Für einen
Spieler vom Kreisligisten FV Nußloch hatte der Einwurf gra-
vierende Folgen. Der Schiedsrichter gab ihm die Rote Karte.
Trotz erheblicher Proteste änderte der Schiedsrichter seine
Entscheidung nicht. Im offiziellen Spielbericht las man "Rot
wegen falschen Einwurfs".

Oliver Kahn war für seine Aussetzer bekannt. Mal probierte
er, den Ball ins gegnerische Tor zu fausten oder bohrte Mi-
roslav Klose in der Nase. Aber die bekannteste Aktion ist die
Beißattacke gegen Heiko Herrlich von Borussia Dortmund.
Auch Schiedsrichter Knut Kircher sah die Handlung, so dass er
ihm die Gelbe Karte mit den Worten zeigte: "Herr Kahn, ich
zeige Ihnen jetzt die Gelbe Karte. Bitte nicht beißen." Kahn
lachte leicht.

Als Schiedsrichter betrunken ein Fußballspiel zu pfeifen, das traut sich wohl nicht jeder in der Bundesliga. Schiedsrichter Wolf Dieter Ahlenfelder sah das etwas anders und quälte sich 1975 beim Spiel Werder Bremen gegen Hannover 96 angeschwippst auf dem Spielfeld.. Zur Überraschung aller Beteiligten beendete er die erste Halbzeit schon nach 32 Minuten. "Wir sind Männer und trinken doch keine Fanta", äußerte er sich später, als man ihn auf seine Trunkenheit ansprach. Es ist bekannt, wer in einer Bremer Kneipe einen Ahlenfelder bestellt, bekomme ein Pils und einen Malteser. Diese Getränke soll Ahlenfelder vor seinem legendären Auftritt in Bremen getrunken haben. Ob er diese Kombination nur einmal bestellt hat?

Die Mutter aller Schiedsrichterfehler passierte wohl 1966 im Wembley-Stadion. Der sowjetische Linienrichter Tofiq Bahramov hatte nicht gesehen, ob der Ball von Geoff Hurst im Tor war oder nicht. Er entschied aufgrund der Reaktionen von Publikum und Spielern auf Goal für England zum 3:2. Das WM-Finale endete schließlich mit 4:2 (n.V.) für England gegen Deutschland.

Argentiniens Diego Maradona traf am 22. Juni 1986 in Mexiko-City mithilfe der "Hand Gottes" gegen Englands Torwart Peter Shilton zum 1:0 für Argentinien im Viertelfinale der Fußball-WM 1986 in Mexiko. Argentinien siegte Schließlich das mit 2:1.

 **Bizarre Schiedsrichterentscheidungen und mehr**

Der englische Schiri Graham Poll ließ sich wohl von den vielen Karos auf den Trikots irritieren. Im Gruppenspiel der WM 2006 zeigte er dem Kroaten Josip Simunic gegen Australien drei Gelbe Karten, in der 63., 90. und schließlich Gelb-Rot in der 93. Minute. Das 2:2-Endergebnis hatte gleichzeitig das Aus für Kroatien zur Folge.

Lieb, nett und manchmal etwas frech oder einfach nur unfair? Am 18. November 2009 trafen sich Frankreich und Irland für die Qualifikation zur WM 2010. Thierry Henry bremste den Ball in der 103. Minute mit der Hand, bevor er schließlich für William Gallas auflegte. Dieser erzielte das 1:1, und ermöglichte so die Teilnahme Frankreichs zum Turnier nach Südafrika. Immerhin gab er seine Regelwidrigkeit zu, was den Iren allerdings nichts nützte.

Am 27. Juni kam wohl die ausgleichende Gerechtigkeit für das Wembley-Tor 1966. Im Achtelfinale der WM 2010 in Südafrika war Manuel Neuer in der 38. Minute ohne Chancen. Frank Lampard donnerte (beim Stand von 1:2 aus Sicht der Engländer) einen Ball aus etwa 17 Metern an die Latte, von wo aus die "Pille" deutlich hinter die Linie sprang. Alle bekamen das mit, nur die Schiedsrichter nicht. Deutschland servierte die Engländer mit 4:1 ab.

Eine Schiedsrichter-Fehlentscheidung führte zu einer höchst kuriosen Seitenwahl bei einem Frauen-Spiel von Manchester City.

Ein britischer Schiedsrichter wurde vom Fußballverband für 21 Tage gesperrt, weil er die Seitenwahl vor dem Spiel nicht ordnungsgemäß durchführen ließ.

David McNamara war der Schiri beim 1:1 in der Women Super League, der höchsten englischen Frauen-Liga, zwischen Manchester City und dem FC Reading. Weil er seine Münze in der Kabine vergessen hatte, entschied er sich für eine höchst unorthodoxe Methode für die Seitenwahl. Er ließ die Kapitäninnen "Schere, Stein, Papier" spielen.

Die Schiedsrichterbeauftragte der FA, Joanna Stimpson bezeichnete dies als einen "verrückten Moment". "Er dachte wohl, dass es das Richtige sei", sagte Stimpson. McNamara fühlte sich zeitlich stark unter Druck gesetzt, da das Spiel im Fernsehen übertragen wurde.

An dieser unsinnigen Sperre erkennen wir, welche fanatischen Züge der Fußballsport inzwischen angenommen hat. Vielleicht kommt ja noch der Zeitpunkt, an dem ein Schiedsrichter ins Gefängnis muss, weil er seine Münze vergessen oder verloren hat. "Schere, Stein, Papier" hat doch keine Auswirkung auf das Spielergebnis, und hat sogar noch einen kleinen Spaßeffekt. Armer, armer Fußball......

1994 hatte Schiedsrichter Hans-Joachim Osmers eine wohl gestörte Optik. In der 26. Minute schoss Bayern-Verteidiger Thomas Helmer am Tor der Nürnberger sichtlich vorbei. Aber Osmers gab einen Treffer zum 1:0. Bayern siegte in diesem Spiel mit 2:1. Das "Phantomtor" war geboren. Das Spiel wurde allerdings neu angesetzt, Bayern siegte mit 5:0.

Der Dortmunder Andreas Möller setzte 1995 gegen Karlsruhe die berühmte "Möllerschwalbe" ein. Abwehrspieler Dirk Schuster war noch gut einen Meter entfernt, als Möller sich fallen ließ. Der Schiri pfiff Elfmeter. Michael Zorc verwandelte, Dortmund siegte 2:1. Möller wurde aber nachträglich für zwei Spiele gesperrt.

Einen ähnlich eindeutiges Ereignis gab es in der Zweiten Bundesliga während der Saison 2009/10. Im Spiel MSV Duisburg gegen FSV Frankfurt (5:0) freute sich Christian Tiffert (MSV Duisburg) über ein Tor, das niemals hätte zählen dürfen. Nach dem Schuss an die Latte setzte der Ball einen Meter vor (!) dem Tor auf, aber die Unparteiischen sahen hier alle einen Treffer.

Ein weiterer Patzer passierte im letzten Gruppenspiel der EM 2012. In der zweiten Halbzeit der Partie Ukraine gegen England sahen die Schiedsrichter nicht, dass John Terry den Schuss von Marco Devic erst hinter der Torlinie bereinigte.

Haben Sie gewusst, dass es ein Land gibt, bei dem der Ball mit den Händen festgehalten werden darf. In Dänemark gelten hier nämlich andere Regeln. Bei einem Elfmeter, darf ein Mitspieler den Ball bis zum Abschuss festhalten. Diese Sonderregel gilt jedoch nicht für ganz Dänemark, sondern nur für die Färöer Inseln. Der Grund dafür ist, dass dort oft ein dehr starker Wind weht. Die Regel soll verhindern, dass der Ball jedes Mal weggeweht wird, was das Elfmeterschießen doch sehr beeinflussen würde.

Eine Fußball-Team muss nicht mit elf Spielern auflaufen. Die Regel schreibt nur vor, dass es mindestens sieben Spieler sein müssen. Auch wenn dies in der Praxis eher selten oder nie vorkommt, ist es doch in den Regeln festgelegt. Sollte in einem solchen Fall ein Spieler verletzungsbedingt das Spielfeld verlassen müssen, darf der Schiedsrichter das Spiel abbrechen. Das trifft auch zu, wenn er der Mannschaft eine rote Karte gibt.

Es gibt aber noch eine exotische Regel. Die Absicht dahinter ist jedoch nicht, die Spieler zum Tragen von Schuhen zu zwingen, wer spielt schon ohne Schuhe. Vielmehr bezieht sich diese Regel auf Zufälle, wo der Spieler seinen Schuh verliert. Sollte er in dem Fall weiterspielen, begeht er einen Regelverstoß, und es wird auf Strafstoß gepfiffen.

.

Was passiert, wenn der Schiedsrichter von einem Ball getroffen wird, und dieser geht ins Tor?
In diesem Fall sehen die Fußballregeln vor, dass das Tor gegeben wird. Dasselbe gilt, wenn es sich um einen Linienrichter handelt. Das ist wohl eher noch nicht vorgekommen.

Bekommt ein Spieler eine rote Karte, muss er das Spielfeld verlassen. Die Mannschaft muss außerdem mit zehn Spielern weiter agieren. Dies gilt allerdings nicht, wenn die rote Karte vor dem Anpfiff gezeigt wird. In diesem Fall darf die Mannschaft, einen anderen Spieler einsetzen, um mit elf Spielern antreten zu können. Aber wie kommt es vor dem Anpfiff zu einer roten Karte?
In der Praxis kann das passieren, wenn sich Mannschaftsmitglieder schon vor Beginn des Spiels aggressiv oder unsportlich zeigen.
Solche Situationen hat es tatsächlich schon gegeben.

Das Ziel eines jeden Angriffs ist es, ein Tor zu erzielen. Dass dies meistens nicht gelingt, liegt nicht nur an der Verteidigung oder dem Versagen der Stürmer. Auch treffen viele Schüsse nur den Pfosten oder die Latte. Normalerweise geht das Spiel dann einfach weiter. Doch was geschieht, wenn der Schuss die Latte oder den Pfosten zerdeppert?
Hier ist der Vorfall mit einem Schiedsrichterball von der Fünfmeterlinie zu beantworten, neues Tor oder Reparatur inklusive, ansonsten wird das Spiel abgebrochen.

Fußballspieler leiden oft unter schlechtem Wetter. An manchen Tagen ist es heiß oder extrem kalt. Weiterhin gab es schon Spiele, bei denen starker Regen, Hagel, Orkan oder Gewitter auftrat.

Im Extremfall wird das Spiel natürlich abgepfiffen oder gar nicht erst angepfiffen. Die Gesundheit der Spieler geht vor. Doch was geschieht bei Nebel?

Es ist Schiedsrichtern erlaubt, das Spiel abzubrechen, wenn starker Nebel herrscht. Das Spiel darf abgebrochen werden (oder auch gar nicht erst angepfiffen), wenn man nicht mehr von einem Tor zum anderen sehen kann, aber auch nur in diesem Fall.

Die 20 brutalsten und gemeinsten Fouls der Fußball-Geschichte

1. Es war ein Knockout, der beim Ligapokalendspiel Chelsea gegen Arsenal im Jahr 2007 geschah. Die Folge war eine schwere Verletzung bei John Terry, dem Chelsea-Kapitän, verursacht durch seinen Gegner Abou Diaby.
Der Franzose wollte wohl zu eifrig den Ball von seinem Tor fernhalten, traf allerdings Terry mit gestrecktem Fuß und Vollspann am Unterkiefer.
Dieser wurde so stark durch den Tritt am Kopf verletzt, dass er seine Zunge verschluckte, und die Atmung kurz stockte. Er verlor auch noch das Bewusstsein und musste ins Krankenhaus gebracht werden.
Dieses konnte er zum Glück nach nur kurzer Zeit wieder verlassen, und trug keine bleibenden Schäden davon. Terry holte sich sogar am selben Tag seine Medaille ab, denn Chelsea siegte im Finale mit 2:1. Diaby erhielt übrigens keine Strafe, denn eine Absicht war nicht zu erkennen.

2. Gegen den FC Liverpool leistete sich Blues-Verteidiger José Bosingwa von Chelsea im Jahr 2009 einen bösen Fehltritt.
In der Nachspielzeit sprang der Portugiese vollkommen unnötig und überraschend aus dem Hinterhalt Yossi Benayoun mit gestrecktem Bein in den Rücken.
Seltsam dabei war, dass Bosingwa für diese Aktion noch nicht einmal bestraft wurde. Mit englischer Härte kann man dies nicht erklären, eher mit Extrem-Frust-Foul, denn das Spiel endete für Chelsea mit einer Niederlage.
Wenigstens sah Bosingwa im Nachhinein seinen Fehler ein und entschuldigte sich öffentlich. Benayoun verletzte sich wie durch ein Wunder nicht.

3. Er war lange Zeit das Aushängeschild von Englands Rekordmeister Manchester United, der Ire Roy Keane. Er fiel allerdings auch durch Gewalt und Alkohol in der Öffentlichkeit auf. Auf dem Fußballplatz war er auch manchmal ein Rüpel.
Der Ire trat seinem Gegenspieler im Flug so die Beine weg, dass dieser in hohem Bogen zu Boden kracht.
Der betroffene Spieler Pointen ließ sich nichts anmerken und spielte weiter, als wäre nichts geschehen (echte Männer).
Vielleicht erhielt Keane deswegen nur die Gelbe Karte.
Warum Keane dermaßen unkontrolliert reingrätschte, weiß eigentlich niemand. Denn Manchester das Spiel deutlich mit 5:2.

4. Gerade einmal drei Minuten waren bei der Partie Celtic gegen die Rangers 2011 vergangen, als Kyle Bartley mit voller Wucht seine Beine in die seines Celtic-Rivalen Scott Brown rammte.

Es kam zu hitzigen Debatten, Rudelbildung und Rangeleien zwischen den Vereinen.

Der Schiedsrichter zog nur die gelbe Karte und gab einen Freistoß. Als Entschädigung für das frühe Foul konnte Celtic aber immerhin 3:0-Sieg gewinnen, und Brown blieb glücklicherweise unverletzt.

5. Ein Foul mit Vorsart beging Michael Brown. Für sein Foul im Spiel Fulham gegen Manchester United im Jahr 2006 bekam er nur die gelbe Karte. In Anbetracht der Bilder war das sehr erstaunlich.

Der Engländer sprang gestreckt mit beiden Beinen und auch noch von oben auf die Beine des auf dem Boden rutschenden Ryan Giggs.

Trotzdem verlor Fulham das Spiel mit 5:1. Brown war bekannt für sein hartes Einsteigen und wurde dafür auch zurecht mehrmals öffentlich kritisiert.

Er erhielt über 100 gelbe und 7 rote Karten.

6. Ein Foul oder viel mehr eine brutale Tätigkeit wird jetzt geschildert. 1994 musste zum ersten Mal ein europäischer Profispieler für ein Foul in den Knast. In einem Liga-Spiel der Glasgow Rangers gegen die Raith Rovers verabreichte der Schotte Duncan Ferguson seinem Gegenspieler John McStay nach einem harten Zweikampf eine Kopfnuss.

Ferguson erhielt noch nicht einmal die rote Karte (!), wurde im Nachhinein aber für 44 Tage ins Gefängnis gesteckt.

Seiner Karriere litt darunter aber nicht, denn auch danach spielte Ferguson noch weiter bei britischen Vereinen.

Zum Glück kam McStay mit einer aufgeplatzten Lippe noch relativ gut davon.

7. Im Spiel Newcastle United gegen Wigan Athletic im Jahr 2013 erwischte McManaman seinen Gegenspieler Haidara, indem er mit gestrecktem Bein voran in den Zweikampf einstieg.

Haidara zog sich eine relativ leichte Bänderverletzung im Knie zu und fiel nur drei Wochen aus. Der Schiedsrichter entschuldigte sich immerhin im Nachhinein, das Foul nicht geahndet zu haben.

Nach diesem Foul wurde ein Gremium in England eingerichtet, dass sich Spiele nach dem Abpfiff nochmals genau ansieht und Spieler gegebenenfalls nachträglich sperren konnte.

Ja, auch englische Härte kann übertrieben werden.

8. Kommen wir zu einem Foul wie aus einem Horrorfilm. In der Premier League Partie Stoke City gegen Arsenal London kämpften beide Mannschaften 2010 erbittert. Besonders Stokes Ryan Shawcross war dabei sehr hitzig und emotional. Er zertrümmerte regelrecht mit einem bösen Foul das rechte Bein seines Gegenspielers Aaron Ramsey.

Der als Super-Talent geltende Arsenal-Spieler lag am Boden und schrie vor Schmerzen. Minutenlang wurde er sogar mit einer Sauerstoffmaske versorgt.

Übeltäter Shawcross bekam natürlich nach seiner Attacke die rote Karte, war aber sofort einsichtig, und man sah ihm sofort sein schlechtes Gewissen an. Er entschuldigte sich umgehend und mit Tränen in den Augen bei dem schwer verletzten Gegenspieler.

Für Ramsey bedeutete dieses Foul einen Schien- und Wadenbeinbruch das Saisonaus. Shawcross wurde nur für drei Spiele gesperrt (!). Der TV-Sender SkySport verzichtete auf eine Übertragung der Wiederholung, weil die Bilder zu brutal waren.

9. Auch deutsche Profis können gut foulen. Das Halbfinale der Fußball-Weltmeisterschaft 1982 war ein echter Krimi. Zum Schluss siegte Deutschland gegen Frankreich im Elfmeterschießen. Schuldig in Bezug auf die Niederlage war aus Sicht der Franzosen der Torhüter Toni Schuhmacher. In der zweiten Halbzeit sprang dieser wuchtig in Patrick Battiston hinein. Dieser befand alleine vor dem Tor und war kurz davor den Ball hineinzulupfen. Doch Schumacher traf den Franzosen mit seinem Becken und voller Wucht am Kopf, wodurch der Ball schließlich das Tor verfehlte. Battiston blieb sogar bewusstlos am Boden liegen, und kam mit einem angebrochenen Halswirbel, zwei verlorenen Zähnen und einer Gehirnerschütterung ins Hospital. Die Aktion wurde noch nicht einmal vom Schiedsrichter als Foul gewertet. Der Torhüter bekam sogar noch seinen Abstoß, unfassbar. Schumacher musste sich, wohl zu Recht, harte Kritik gefallen lassen. Nicht nur für seine brutale Rettungsaktion, sondern auch dafür, dass er sich noch nicht einmal um die Gesundheit seines Gegenspielers kümmerte.

10. Im Jahre 2001 grätschte Keane den Norweger Alf Inge Haaland vorsätzlich um, wie Keane später selbst zugab! Grund dafür soll eine Handlung gewesen sein, die sich ein paar Jahre früher zugetragen hatte. Denn 4 Jahre zuvor wollte Keane auch schon den Norweger umnieten, verletzte sich aber bei dieser Aktion selbst am Kreuzband. Daraufhin beschuldigte ihn Haaland seine Verletzung nur vorgetäuscht zu haben.

2001 kam es dann zum Racheakt. Keane wurde nach der brutalen Attacke für drei Spiele gesperrt, und erhielt eine Geldstrafe von 6000 Euro. Kurz Zeit später schrieb Keane sogar in seiner Autobiographie, das Foul geplant zu haben. Jetzt kam es zu einer krassen Strafe und Keane musste diesmal richtig zahlen, mehr als 200 000 Euro.

Es wurde sogar behauptet, dass das Revanchefoul das Karriereende für Haaland bedeutete, weil der Mittelfeldspieler sich später eine Verletzung am Knie zuzog und seine Karriere beenden musste. Das stimmt aber nicht. Erstens konnte Haaland nach dem Foul weiter spielen, zweitens bestritt er kurze Zeit später noch ein Länderspiel und drittens musste er seine Laufbahn 2 Jahre später wegen massiver Probleme am anderen Bein beenden und nicht an dem Bein, das Keane so böse zugerichtet hatte.

11. Ein unnötiges aber sehr brutales Foul geschahbBeim Spiel zwischen dem Hamburger SV und dem VfB Stuttgart 2012. Der peruanische Nationalspieler Paolo Guerrero trat den gegnerischen Torhüter Sven Ulreich im Kampf um den Ball in der Eckfahne einfach um. Guerrero nahm dabei auch noch jede Menge Anlauf und säbelte den Torwart brutal um.
Der HSV-Stürmer flog sofort vom Platz, und sah sein Fehlverhalten noch nicht einmal ein, er protestierte sogar dagegen (!).
Zum Glück wurde er für acht Spiele gesperrt. Das bedeutet bis heute die viertlängste Bundesliga-Sperre
.

12. Der ehemalige Bremer und Nationaltorhüter Tim Wiese ist ein Wiederholungstäter, was böse Fouls betrifft. Er arbeitete auch mit Kung-Fu-Tritten.
In einem Liga-Spiel von Werder Bremen gegen den deutschen Rekordmeister Bayern München im Jahr 2011 wollte der Ex-Keeper ein weiteres Gegentor seiner Mannschaft vermeiden, und traf dabei Thomas Müller in feinster Karatetechnik und mit voller Wucht um. Bereits 2009 machte Wiese mit seinen Kampfkünsten im Spiel gegen den HSV auf sich aufmerksam, als er Ivica Olic wegsäbelte. Im Gegensatz zu diesem Foul sah er endlich einmal Mal die rote Karte für eine solche brutale Aktion
Wiese verließ das Spielfeld, noch ehe der Schiedsrichter die Karte zückte.
Für drei Spiele sperrte man den ehemaligen Nationaltorhüter. Seitdem trägt er den Spitznamen „Kung-Fu-Wiese". Thomas Müller konnte zum Glück unverletzt weiterspielen.

13. Der portugiesische Nationalspieler Pepe ist für seine aggressive Spielweise in Fachkreisen sehr bekannt. Im Jahre 2009 zeichnete er sich für höchste Brutalität der Sonderklasse aus.

Im Liga-Spiel Real Madrid gegen FC Getafe foulte er seinen Gegenspieler Casquero im Strafraum und geriet dann auch noch vollkommen außer sich. Pepe beschuldigte seinen Gegenspieler, sich absichtlich fallen gelassen zu haben, und trat dann mehrmals auf den am Boden liegenden Spieler ein. Weiterhin schlug er auch noch einen anderen Gegenspieler. Der Innenverteidiger bekam die rote Karte wegen einer Tätlichkeit. Dessen nicht genug, beschimpfte er zusätzlich noch den Schiedsrichter.

Letztendlich wurde er für zehn Spiele gesperrt.

14. In einem Vorbereitungsspiel ging es in der Partie Chelsea gegen AC Florenz 2015 mächtig zur Sache. Kurt Zouma lief seinen Gegner Ricardo Bagadur mit voller Wucht um.
Ob dies jugendlicher Leichtsinn des damals 20-jährgen Innenverteidigers war oder ob er seinen Trainer Jose Mourinho imponieren wollte, werden wir wohl nie erfahren. Zouma hatte Glück und bekam für diese Unsportlichkeit nur die gelbe Karte.
Bagadur verletzte sich zum Glück nicht schwer, und konnte weiterspielen.

15. Es geschah bei der WM 2006 in Deutschland. Im Finale Italien gegen Frankreich setzte der Weltfußballer Zinedine Zidane seinem Gegner Marco Materazzi eine Kopfnuss. Die Ursache für den Ausraster waren heftige Beleidigungen des Italieners gegen die Familie, besonders gegen die Schwester, von Zidane. Materazzi fiel zu Boden, erholte sich aber schnell wieder. Natürlich flog Zidane vom Platz.
Italien siegte auch noch im Elfmeterschießen. Zidane sperrte man drei Spiele, und musste 7000 Euro zahlen. Wegen der Beleidigungen wurde der Italiener nachträglich für zwei Spiele gesperrt, und hatte 5000 Euro zu bezahlen.

16. 2013 spielten Kroatien und Serbien um das WM-Ticket für die WM 2014 in Brasilien, als in der Schlussphase der Kroate Simunic seinen Gegner Miralem Sulejmani vorsätzlich um-nietete. Damit verhinderte der Verteidiger eine gute Torchance und eine Niederlage seiner Mannschaft. Der Kroate sah selbstverständlich rot. Trotzdem sagt Simunic, er würde solch ein Foul immer wieder begehen, wenn es um die Entscheidung eines derartigen Spieles ginge.

Sulejmani erlitt glücklicherweise nur Prellungen und einen geschwollenen Oberschenkel. Übeltäter Simunic sperrte man für mehrere Spiele.

Für die Serben war dieses Foul das schlimmste in ihrer Fuß-ballgeschichte, denn letztendlich verhalf es Kroatien zur Teilnahme an der WM 2014.

17. Eigentlich war es nur ein Freundschaftsspiel zwischen dem FC Portsmouth und dem FC Chelsea im Jahr 2010, aber trotzdem ereignete sich dort ein brutales Foul.

In der Schlussphase der Partie trat John Terry seinen Gegenspieler Michael Brown im Strafraum mit einem Kung-Fu Tritt nieder.

Brown hatte die Chance auf den Ausgleich, was Chelseas Terry mit allen Mitteln verhindern wollte.

Der Mittelfeldspieler von Portsmouth krümmte sich auf dem Rasen vor Schmerzen, sofort tat dieses wenigstens dem Verteidiger der Blues leid.

Er ging zu dem Verletzten, und entschuldigte sich. Der Schiedsrichter ließ erstaunlicherweise die Karte stecken, obwohl Terry die Verletzung seines Gegners leichtsinnig riskierte. Brown hatte sehr viel Glück und konnte nach der Behandlung weiter spielen.

18. In einem Liga-Spiel zwischen Manchester City und Portsmouth im Jahre 2006 wurde Pedro Mendes von Ben Thatcher übelst niedergestreckt.
Der massive Ellbogeneinsatz des linken Verteidigers ließ Mendes regungslos am Boden liegen.
Der portugiesische Nationalspieler war sogar bewusstlos. Thatcher bekam nur die gelbe Karte, was man einfach nicht mehr verstehen kann.
Sein Opfer wurde hingegen sofort ins Krankenhaus geliefert.
Zum Glück gab es schnell eine Entwarnung, denn Mendes erholte sich nach kurzer Zeit komplett.
Immerhin bat der Übeltäter sofot um Entschuldigung,und man sah ihm seine Reue an.
Von der FA wurde Thatcher acht Spiele nachträglich gesperrt, was wohl vollkommen in Ordnung geht
Aber man setzte sogar noch "einen oben drauf": In einem Wiederholungsfall innerhalb von zwei Jahren hätte er eine weitere Sperre von 15 Spielen kassiert.

19. Das spektakulärste Foul der Bundesliga-Geschichte geschah 1981 im Spiel Werder Bremen gegen Arminia Bielefeld. Norbert Siegmann sprang mit voller Wucht gegen Ewald Lienen.

Der ehemalige Bielefelder fasste sich daraufhin ans Bein, und stand plötzlich unter Schock. Ans Tageslicht kam eine 25 cm lange offene Wunde am Oberschenkel, bei der der Knochen deutlich sichtbar war.

Lienen lief noch auf den damaligen Trainer Bremens Otto Rehhagel zu, weil er diesen dafür verantwortlich machte, dass er Siegmann zum absichtlichen Foul animiert hätte. Danach brach er vor Schmerzen zusammen, und wurde schließlich behandelt.

Siegmann, der fast immer ein fairer Abwehrspieler war, bekam nur die gelbe Karte.

Bis heute ist dieses Foul in jeder offiziellen Liste, als eines der fürchterlichsten Fouls national wie international zu finden. Norbert Siegmann wurde daraufhin „Schlitzer" von vielen Personen genannt.

Lienen musste mit 23 Stichen genäht werden und stand aber nach vier Wochen schon wieder auf dem Rasen. Die beiden Ex-Profispieler versöhnten sich zum Glück wieder.

Wir müssen hier aber festhalten, dass dieses Foul einfach nur einen unglücklichen Ausgang hatte, und so nicht geplant war.

20. Der Niederländer Nigel de Jon ist bekannt für seine rüpelhafte Spielweise, und fiiel immer wieder durch harte Fouls auf.

Das bekannteste sah man bei der Weltmeisterschaft 2010.

Im Finale gegen Spanien trat er mit offener Sohle und Stollen Xabi Alonso mit voller Wucht gegen die Brust.

De Jong bekam aus unerklärlichen Gründen nur die gelbe Karte, obwohl diese fiese Aktion eine klare Tätlichkeit war.

Wegen weiterer unschöner Aktionen wurde de Jong für die Spiele zur Europameisterschafts-Qualifikation 2012 vom Nationaltrainer Hollands ausgeladen.

Xabi Alonso blieb zum Glück unverletzt, und holte mit seiner Mannschaft den Weltmeister-Titel.

Die coolsten Sprüche bekannter Fußballer

Sepp Herberger

Josef Sepp Herberger wurde am 28. März 1897 in Mannheim-Waldhof geboren, er verstarb am 28. April 1977 in Mannheim. In den 1920er Jahren kickte er für die Vereine SV Waldhof, VFR Mannheim und Tennis Borussia Berlin. Aber Berühmtheit erreichte er erst als Reichs- und Bundestrainer von 1936 bis 1942 und 1950 bis 1964. Der Höhepunkt seiner Karriere war der Gewinn der Fußball-Weltmeisterschaft 1954, deren Endspiel als „Wunder von Bern" in die Fußballgeschichte einging.

Sepp Herberger als aktiver Spieler

Der größte Erfolg von Herberger war die gewonnene Südmeisterschaft 1925 mit dem VFR Mannheim. Er spielte 40 Mal für Süddeutschland und 16 Mal für die Berliner Stadtauswahl.
Als Nationalspieler kam er nur zu drei Einsätzen. Das lag daran, weil er ein „Handgeld" des MFC Phönix angenommen hatte.
1922 wurde er begnadigt, aber weiterhin für Auswahlmannschaften ignoriert. Zudem blieb es bei drei Einsätzen in der Nationalelf, weil aus Kostengründen in der damaligen Zeit kaum Länderspiele ausgetragen wurden.

Sepp Herberger und seine besten Sprüche

"Der Ball ist rund."

"Der Ball hat immer die beste Kondition."

"Das nächste Spiel ist immer das schwerste."

"Das Spiel dauert 90 Minuten."

Diese ersten vier Weisheiten und Sprüche zeigen, wie einfach Herberger eines auszudrücken vermochte: Im Fußball ist alles möglich.

Zur Mannschaft: "Es gibt nur eine Nationalhymne, die zweimal gespielt wird. Sorgt dafür, dass es unsere ist."

"Ich weiß, dass es in Deutschland Hunderttausende von Bundestrainern gibt, aber ich stehe als einziger auf der Gehaltsliste des DFB."

Zu Journalisten über penetrante Zuschauer: "Als ob das alles Engel wären. Jeder dreht einmal einen Zacken, ohne dass man ihm gram sein darf. Aber ich sage euch, wenn einmal über eine Sache Gras gewachsen ist, dann kommt gewiss ein Kamel und frisst es wieder ab."

Über einen Spieler: "Wartet mal ab, der Mann kommt erst noch, obwohl man glaubt, er sei schon da."

 **Die coolsten Sprüche bekannter Fußballer**

Nach dem Entscheidungsspiel gegen die Türkei (7:2) zu Journalisten: "Ja, ja, ich bin doch ein kluger Kopf. Das könnt ihr ruhig schreiben."

Nach Spielschluss des WM-Finales 1954 auf die Frage nach der deutschen Taktik: "Die Leute hinten hatten den Auftrag, an den Stürmern wie eine Briefmarke zu kleben und ihnen notfalls auf die Toilette zu folgen. Die Angriffsspieler sollten für den Sieg sorgen. Wir wollten ja siegen."

Über Fritz Walters Vorbereitungen auf die WM: "Er hat monatelang nichts anderes gemacht als Eckbälle zu proben. Zu meiner aktiven Zeit wäre mir das nicht im Traum eingefallen."

Über Fritz Walter: "Das sehe ich gern, wenn der Fritz lacht, bis die Ohren Besuch bekommen. Innere Freude hat noch niemandem geschadet."

"Es gibt Leute, die rennen in der zweiten Halbzeit den Minuten nach, die sie vor der Pause verschlafen haben."

Hier sehen wir den Komiker Sepp Herberger mit einem "kühlen" und "trockenen Humor". Auf alten Aufzeichnungen erkennt man Herberger, wie er bei seinen Sprüchen und Weisheiten innerlich lacht und wirklich Spaß hat.

Helmut Schön

Helmut Schön wurde am 15. September 1915 in Dresden geboren, er verstarb am 23. Februar 1996 in Wiesbaden. Bis heute ist er der erfolgreichste Bundestrainer.

Als Spieler des Dresdner SC holte Schön 1942/43 und 1943/44 zweimal die deutsche Fußballmeisterschaft und in den Jahren 1940 und 1941 zweimal den Tschammer-Pokal. Zwischen 1937 und 1941 berief ihn Herberger zu 16 Länderspielen, hierbei erzielte Schön 17 Tore.

Als Bundestrainer von 1964 bis 1978 wurde er zu einem der erfolgreichsten Nationaltrainer der Welt. Bei seinem ersten Weltmeisterschafts-Turnier als Bundestrainer 1966 in England schaffte er mit der deutschen Nationalmannschaft das Finale, bei der Weltmeisterschaft 1970 in Mexiko wurde er mit der Mannschaft Dritter. Weiterhin holte er die Europameisterschaft 1972, die Weltmeisterschaft 1974 in Deutschland und wurde 1976 in Jugoslawien Vizeeuropameister. Schön gab als Bundestrainer den Nationalspielern viele Freiräume und Mitspracherechte, anstatt ihnen starre taktische Maßregeln vorzugeben. Dies sahen viele Sportjournalisten als eine bemerkenswerte Leistung an.

Helmut Schön und seine besten Sprüche

Helmut Schön als Trainer von Deutschland
"Da gehe ich mit Ihnen ganz chloroform."

Nun wir gehen davon aus, dass Helmut Schön "konform" meinte. War es ein Spaß? Hat er sich versprochen? Mit Sicherheit war er nicht angetrunken, als er diesen Spruch von sich gab. Vermutlich wollte er auch niemanden narkotisieren, und schon gar nicht seine Spieler.

Helmut Schön als Trainer
"Wenn man sich die Autogramme der Spieler ansieht, dann fühlt man sich wie auf einem Apothekerkongress."

Nun gut, der Satz spricht für sich. Die Nationalspieler waren wohl keine Feinmotoriker, aber sie konnten schreiben.

Franz Beckenbauer

Franz Anton Beckenbauer wurde am 11. September 1945 in München Giesing geboren. Seine größten Erfolge waren die Gewinne der Fußball-Weltmeisterschaft 1974 als Mannschaftkapitän und der Fußball-Weltmeisterschaft 1990 als Teamchef.

Von 1965 bis 1983 spielte er in mehreren Vereinen, und war ein absoluter Ausnahmespieler. Nach seiner aktiven Zeit als Fußballer war er als Teamchef, Sportfunktionär, Geschäftsmann und Werbeträger aktiv.

Franz Beckenbauer und seine besten Sprüche

„Ich bin ja gelernter Versicherungskaufmann, stellen Sie sich mal vor, ich wäre heute noch jeden Tag in der Versicherung – gut, die Allianz wäre dann mit Abstand das größte Unternehmen der Welt."

Der Kaiser beweist hier ein hohes Selbstvertrauen, welches ihm auch zusteht. Er ist ein Mensch des Erfolges.

„Ich überlege immer noch, welche Sportart meine Mannschaft an diesem Abend ausgeübt hat. Fußball war's mit Sicherheit nicht."

Besser und schneller kann man eine Mannschaft nicht beurteilen, die sehr schlecht gespielt hat.

„Ich möchte einmal wissen, in welcher Kommission ich nicht bin. Ich glaube, da habe ich nicht aufgepasst."

„Erfolg ist ein scheues Reh. Der Wind muss stimmen, die Witterung, die Sterne und der Mond."

Hier hat der Kaiser aucht recht. Erfolg darf niemals selbstverständlich sein oder man kann auch sagen "Hochmut kommt vor dem Fall"

„Ja gut, am Ergebnis wird sich nicht mehr viel ändern, es sei denn, es schießt einer ein Tor."

Logik ist Logik!

„Ja gut, es gibt nur eine Möglichkeit: Sieg, Unentschieden oder Niederlage."

War der Spruch Absicht als Witz gedacht oder ein Versprecher?

„Kaiserslautern wird mit Sicherheit nicht ins blinde Messer laufen."

Wohl ein Versprecher!

„In einem Jahr hab ich mal 15 Monate durchgespielt."

Besser kann man die hohe physische Belastung bestimmter Spielperioden wohl nicht ausdrücken.

„Der Grund war nicht die Ursache, sondern der Auslöser."

Upps, no comment!

„Die Schweden sind keine Holländer, das hat man ganz genau gesehen."

Wo der Kaiser recht hat, hat er recht.

„Das sind alles gute Fußballer. Nur: Sie können nicht Fußball spielen."
Ein Widerspruch in sich oder ein Paradoxon?

„Ich habe mal einen Stammbaum machen lassen: Die Wurzeln der Beckenbauers liegen in Franken. Das waren lustige Familien, alles uneheliche Kinder. Wir sind dabei geblieben."

Hier sehen wir wieder den Humor von Franz Beckenbauer, den wohl alle Menschen mögen.

„So groß ist das Verbrechen nun auch nicht. Der Liebe Gott freut sich über jedes Kind."

Ja, wir meinen hier kann man dem Kaiser nur zustimmen. Bestimte verbale Angriffe sollte man unterlassen, sonst kommt der "Bumerang". Besser konnte Franz nicht reagieren.

 **Die coolsten Sprüche bekannter Fußballer**

Günter Netzer

Günter Theodor Netzer wurde am 14. September 1944 in München-Gladbach, heute Mönchengladbach, geboren.
Er ist ein ehemaliger deutscher Fußballprofi, der überwiegend für Borussia Mönchengladbach und dann drei Jahre lang für Real Madrid spielte. Mit der deutschen Fußballnationalmannschaft wurde er 1972 Europameister und 1974 im eigenen Land Weltmeister. Günter Netzer war u.a. 13 Jahre lang neben Sportmoderator Gerhard Delling als Experte für die ARD tätig.

Günter Netzer und seine besten Sprüche

"Ich hatte immer einen Horror vor Menschen, die man mit einem Lasso von der Bühne holen musste. Ich habe genug geredet. Ich kann mich selbst nicht mehr im Fernsehen anschauen."
Netzer äußert sich hier zu den Gründen seines Abschieds als TV-Experte. Ich glaube hier spricht er vielen Menschen aus dem Herzen. Wir haben genügend Schwätzer, die sich gern im Fernsehen reden hören, und sich für unersetzlich halten.

"Während ich mich bückte, hat mir der Franz Beckenbauer mal einen Freistoß gestohlen, Mensch, war ich sauer, aber leider ging der Ball rein."

Netzer äußert sich hier über seinen ehemaligen Teamkollegen Franz Beckenbauer mit sehr großem Humor.

 **Die coolsten Sprüche bekannter Fußballer**

"Kopfball war für mich eher immer so etwas Ähnliches wie Handspiel."

Netzer spricht hier über seine Aversion gegenüber Kopfbällen. An dieser Stelle müssen wir erwähnen, dass heutige Fußball-Profis in der Regel so lange gedrillt werden, bis sie den Kopfball beherrschen und auch gerne ausüben. Der Druck auf die Profis hat sich enorm erhöht. Bei den riesigen Gehältern heutzutage wohl auch verständlich.

"Die meisten Spiele, die 1:0 ausgingen, wurden gewonnen."

Hier beweist Netzer eine perfekte Logik, denn er hat sogar recht. Es waren nur die meisten Spiele. Manche Spiele wurden nämlich auch annuliert, d.h. in diesen Ausnahmefällen gab es wirklich keinen Sieger bei einem 1:0.

"Der Pfosten ist ein Freund des Torwarts, auf den er sich nicht verlassen kann."

Besser konnte Netzer diesen Sachverhalt in einer "Fußballsprache" nicht formulieren.

"Wenn du glaubst es geht nichts mehr, kommt von irgendwo ne' Flanke her."
Humorvolle Äußerung Netzers über Stürmer mit Torflaute!

"Ich hoffe, dass die deutsche Mannschaft auch in der 2. Halbzeit eine runde Leistung zeigt, das würde die Leistung abrunden!"

Netzer analysiert die Leistung der deutschen Mannschaft zur Halbzeitpause, und liefert hierbei einen sehr lustigen Versprecher oder eine unglückliche Ausdrucksweise.

"Man muss feststellen, dass der Spruch auch nicht mehr stimmt, dass der Schütze nicht selber schießen soll. Ich stelle fest, dass der Schütze sehr wohl den Elfmeter selber schießt."

Netzer über die Meinung, dass der gefoulte Spieler niemals selbst den Strafstoß ausführen soll, und will vom Gegenteil überzeugen. Allerdings unglücklich formuliert, weil der Schütze immer selbst schießt, deshalb heißt er ja auch "Schütze".

 **Die coolsten Sprüche bekannter Fußballer**

Sepp Maier

Josef Dieter „Sepp" Maier wurde am 28. Februar 1944 in Metten (Niederbayern) geboren. Er zählt wohl zu den besten Fußballtorhütern aller Zeiten mit 95 Einsätzen Rekord-Torhüter der deutschen Nationalmannschaft und mit 699 Pflichtspielen (absoluter Rekord) für FC Bayern München, bei dem er 17 Jahre lang gespielt hatte. Er gewann alle wichtigen nationalen und internationalen Titel wie Weltmeister (1974), Europameister und Deutscher Meister, außerdem gewann er den Europapokal der Pokalsieger, den der Landesmeister und den DFB-Pokal.

Sepp Maier und seine besten Sprüche

"Im Gegenteil. Bei ihm ist der Ball im Verhältnis viel kleiner."
(in Bezug auf, ob der russische Torhüter Lew Iwanowitsch Jaschin durch seine riesigen Hände im Vorteil sei)

"Ein Torhüter muss Ruhe ausstrahlen. Er muss aber aufpassen, dass er dabei nicht einschläft."

Bei den ersten beiden Sprüchen wird schon der einzigartige und kaum zu übertreffende Humor von Sepp Maier sichtbar.

"Die haben ja vor 30 Jahren Zeitlupenfußball gespielt. Heute wirst du psychisch und physisch weit härter gefordert."
Besser kann man es nicht formulieren. Der "Fußball" ist wesentlich härter und schneller geworden. Trainings- und Spielbelastungen haben enorm zugenommen.

Zudem ist der Konkurrenzkampf drastisch gestiegen. Eine Bundesliga-Mannschaft aus den 70er Jahren, hätte heute Probleme gegen eine Oberliga-Mannschaft zu gewinnen.

"Ich habe Strafstöße immer ganz locker genommen. Bei mir brauchten die Schützen auch nicht soviel Angst zu haben, ich habe selten einen gehalten."

Ja, das stimmt. Sepp Maier war nicht gerade der "Elfmeter-Killer.

"Was braucht so ein junger Hupfer einen Manager? Die sollen nicht schon vor dem Spiel übers Geld nachdenken. Erst Leistung bringen, dann Forderungen stellen."

Wo er recht hat, hat er recht.

Gerd Müller

Gerhard Müller (Spitzname Gerd) wurde am 3. November 1945 in Nördlingen geboren. Seine Körpergröße ist 1,76m (zumindest in jungen Jahren). Er war ein reiner und absoluter Ausnahmestürmer.

Gerd Müller, „Bomber der Nation", ist ein ehemaliger Rekordtorschütze der Bundesliga und des FC Bayern München. 42 Jahre lang, von 1972 bis 2014, war er zudem Rekordtorschütze der deutschen Nationalmannschaft.

Weiterhin agierte er von 1992 bis 2014 als Co-Trainer für die zweite Mannschaft des FC Bayern München.

Was machte Gerd Müller so einzigartig?

Er besaß eine perfekte Körperbeherrschung, kombiniert mit einer außergewöhnlichen Antizipationsfähigkeit. In den siebziger Jahren zählten ihn viele Experten und Fans zum besten Stürmer der Welt.

Unvergessen machen ihn die schnellen Körperdrehungen auf engstem Raum mit überraschenden Torschüssen aus allen Lagen.

Aufgrund dieser Tatsache konfrontierten ihn viele gegnerische Trainer gleich mit zwei Manndeckern (!).

Während seiner aktiven Laufbahn holte er alle wichtigen nationalen und internationalen Titel wie Weltmeister, Europameister, Torschützenkönig, Deutscher Meister, DFB-Pokal und Europapokal der Landesmeister.

Gerd Müller und seine besten Sprüche

"Am schönsten ist ein Schuss ins leere Tor."

Na klar, denn jetzt kann in der Regel nichts mehr schief gehen.

"Das 2 : 1 im WM-Finale 1974 gegen Holland war mein wichtigstes Tor."

Das hat Gerd Müller sehr gut erkannt. Allerdings ist diese Schlussfolgerung auch nicht besonders schwierig.

"Der Strafraum war mein Reich. Von außerhalb des Sechzehners habe ich in meiner Karriere nicht viele Tore geschossen."

Gerd Müller war vom gegnerischen Sechzehner abhängig, da seine Schussqualität über große Entfernungen überproportional nachließ.

"Ein Fußballspiel ist gar nicht leicht, weil es nur schwer zum Torschuß reicht."
Eigenartig formuliert, aber richtig. Der Stürmer bekommt normalerweise gegen gleichwertige Gegner nicht besonders viele gute Torchancen aufgelegt."

"Einmal hab ich gegen die Glasgow Rangers einen Freistoß verwandelt, aber das war mehr aus Versehen. Ich sollte gar nicht schießen, ich hab mir einfach den Ball geschnappt."

 **Die coolsten Sprüche bekannter Fußballer**

Viele ältere Fußballfans können sich daran erinnern. Keiner hat damals daran geglaubt, dass er den Freistoß tatsächlich "versenken" würde.

"Es waren drei Holländer um mich herum, ich starte, täusche an, aber auf einmal kommt der Ball auf den linken Fuß. Ich wollte ihn eigentlich mit rechts stoppen und sofort schießen, aber nachträglich war es ein Glück, dass er auf links kam. Von da springt er ein bisschen weg und kommt direkt auf meinen rechten Innenspann. Und ich kann schön aus der Drehung ins lange Eck schießen."

Komplizierte Erklärung für einen einfachen Sachverhalt: Ich hatte einfach Glück.

"Man muss auch blind treffen können, man muss ohne Hinschauen wissen, wo das Tor steht."

Diese Eigenschaft sollte jeder gute Torwart haben.

"Wenn der Franz kam, wusste ich immer: Er will Doppelpass. Wenn der Franz mich schwach angespielt hat, dann sollte ich zurückspielen. Hat er mich aber scharf angespielt, dann musste ich mit dem scharfen Ball was machen."

Diese beiden Ausnahmespieler haben sich "blind" verstanden. Dadurch wurden viele Spiele für den FC Bayern München oder die Deutsche Nationalmannschaft entschieden.

"Wir haben früher nichts anderes gehabt außer Fußball, nach der Schule haben wir gespielt bis zum Abend. Es gab nichts anderes."

Vielleicht ein klein wenig übertrieben, aber für viele Jungens war es damals tatsächlich so. Hier kann man wohl festhalten, dass die Kinder und Jugendlichen zu dieser Zeit eine schönere Kindheit hatten (auch aus eigener Erfahrung, des Autors "Baujahr" 1964), obwohl der Luxus wie heute fehlte.
Aber es gab zu dieser Zeit mehr Freiheiten. Die Schulzeiten waren damals viel kürzer und der Leistungsdruck wesentlich geringer. Die meiste Zeit verbrachten die Kinder damals im Freien, Stubenhocker waren selten.
Und ein ungeschriebenes Gesetz war: Ihr könnt Unsinn machen, aber lasst euch nicht erwischen.
Dieses bezog sich z.B. auf Äpfel beim Nachbarn vom Baum klauen oder Angeln ohne Angelschein.

Paul Breitner

Paul Breitner wurde am 5. September 1951 in Kolbermoor geboren. Er spielte beim FC Bayern, Real Madrid, Eintracht Braunschweig und auch in der deutschen Nationalmannschaft. Mit dieser holte er 1972 die Europa- und 1974 die Weltmeisterschaft.

Paul Breitner war ein hochintelligenter und brillianter Spielertyp, der aber außerhalb vom Sportbetrieb mit provokanten Äußerungen auf sich aufmerksam machte.

Hierdurch löste er viele Diskussionen aus.

Eine der vielen positiven Eigenschaften von Breitner ist, dass er immer ehrlich und offen seine Meinung sagt.

Im Jahr 2004 wurde Breitner von Pelé auf die Liste der 125 besten noch lebenden Fußballer gesetzt.

Seit 2007 arbeitet Breitner als Scout für den FC Bayern München.

Paul Breitner und seine besten Sprüche

"Als Fußball-Profi konnte ich nur eines nicht: Mund halten und Diplomat sein."

Diesen Sachverhalt haben wir schon oben beschrieben. Paul Breitner ist ein intelligenter Mensch, der sich selbst bestens einschätzen kann.

"Atypisch war, dass ein Großteil der Mannschaft in den ersten 45 Minuten so gespielt hat, als hätten sie keine Trikots an, sondern eher Schlafanzüge."

Knallharte Kritik gepaart mit einem trockenen Humor trifft er hier den Sachverhalt zu 100 Prozent.

"Bei dieser großen Anzahl von Fußballspielen müßte man heutzutage die 9-Tage-Woche erfinden."

Das ist ebenfalls eine realistische Einschätzung. Viele Fußball-Profis werden physisch viel zu intensiv gefordert, weil die Anzahl der Pflichtspiele immer weiter steigt.

"Brecht verkrustete Strukturen auf, sonst ändert sich nie etwas. Bei euch tut sich seit Jahren nichts."

Diese provokanten Sprüche sind für Breitner typisch, aber treffen oft den Kern der Sache.

Uwe Seeler

Uwe Seeler wurde am 5. November 1976 in Hamburg geboren. Zu seiner aktiven Zeit war er einer der besten Mittelstürmer der Welt und der "Bomber" der deutschen Nation. Mit ihm als Mannschaftskapitän wurde das deutsche Team bei der Weltmeisterschaft 1966 Vizeweltmeister. Auch beim dritten Platz bei der Weltmeisterschaft 1970 trug er die Kapitänsbinde. Wegen seiner Verdienste um den deutschen Fußball überhaupt ernannte ihn der DFB 1972 als zweiten Spieler überhaupt zum Ehrenspielführer der A-Nationalmannschaft, obwohl er nie einen Titel mit ihr gewann. Seit 2003 ist Uwe Seeler zudem Ehrenbürger seiner Heimatstadt Hamburg.

Von 1953 bis 1972 spielte er für den Hamburger SV. Hier traf er in 476 Spielen 404mal. 1978 spielte er zweimal für Cork Celtic, und erzielte hierbei einen Treffer.

Für Deutschland traf er in 72 Spielen 43mal.

Uwe Seeler und seine besten Sprüche

"Also ein normales Foul ist für mich nicht unfair".

Das stimmt nicht ganz, denn ein vorsätzliches Foul ist immer unfair.

"Wir stehen mit dem Rücken nicht mehr an der Wand, sondern in der Wand".

Besser kann man wohl eine (fast) aussichtslose Lage nicht beschreiben.

65

"Ein Mittelstürmer verbringt die meiste Zeit seines Lebens im Strafraum."

Das ist wohl etwas übertrieben, obwohl es bei einigen Stürmern "gefühlt" wirklich real sein könnte, wie z.B. für Uwe Seeler oder Gerd Müller. Für diese beiden Stürmer war der Strafraum wohl doch ein zweites Zuhause.

"Ich bin dafür, jetzt erstmal mit der Relation im Dorf zu bleiben."

Upps, no comment.......

" Der große Favorit ist für mich Brasilien, der Geheimfavorit Italien, und Weltmeister wird Deutschland."

Hier formuliert Uwe Seeler seinen Optimismus auf eine interessante Art und Weise. Leider wurde er mit Deutschland nach diesem Spruch nicht Weltmeister.

"Ich entscheide die großen Dinge und meine Frau die kleinen. Welche Dinge groß und welche klein sind, entscheidet meine Frau."

Hier beweist Uwe Seeler seinen sympathischen Humor oder hat seine Frau wirklich die "Hosen" an.

Karl Heinz Rummenigge

Karl-Heinz „Kalle" Rummenigge wurde am 25. September 1955 in Lippstadt geboren. Er zählt zu den besten deutschen Fußballspielern aller Zeiten auf der Position des Stürmers.

In seiner aktiven Laufbahn war er für den FC Bayern München, Inter Mailand und Servette Genf aktiv.

Mit der deutschen Nationalmannschaft wurde er 1980 Europameister und führte sie als Mannschaftskapitän in die WM-Finals 1982 und 1986 und bei der Europameisterschaft 1984. Mit 162 Treffern in 310 Bundesliga-Spielen steht er auf dem elften Platz in der Torschützenliste der Fußball-Bundesliga.

Seit 2002 ist er Vorstandsvorsitzender der FC Bayern München AG. Weiterhin ist er Vorsitzender der European Club Association.

Karl Heinz Rummenigge und seine besten Sprüche

"Alle Fußballer sind abergläubisch."

Na, ja, vielleicht die meisten........

"Alle Leute, die Bedeutendes leisten, verdienen entsprechend."

Hier stellt Rummenigge eine sehr einfache Gleichung auf. Wer bestimmt was bedeutend ist? Ist es bedeutend wenn 22 Spieler einem Ball hinterherlaufen? Das kann jede Leserin und Leser für sich selbst beurteilen.

Denken wir auch an Pflegeberufe, Krankenpfleger und Krankenschwestern im Hospiz, Soldaten, die unsere Demokratie unter Lebensgefahr verteidigen und viele andere Berufe. Hier wird Bedeutendes geleistet, aber sie verdienen mit Sicherheit nicht entsprechend.

 **Die coolsten Sprüche bekannter Fußballer**

"Am Anfang meiner Karriere konnte ich es mir vielleicht nicht so erlauben, mein Spiel zu machen, denn da stand ich in der Hierarchie des FC Bayern auf der untersten Sprosse. Da gab es ganz oben den Franz Beckenbauer, dann kamen Gerd Müller, Sepp Maier, Uli Hoeneß, Paul Breitner, dann die anderen Stammspieler."

Es ist immer gut wenn junge Spieler, wie hier Rummenigge, sich realistisch und bescheiden einschätzen.

"Bei der WM in Spanien, bin ich mit ihm auf einem Zimmer gelegen, da sind wir fünf Wochen Tag und Nacht zusammengewesen, haben sogar zusammen geschlafen."

Upps, vielleicht etwas unglücklich formuliert und lustig. Jeder weiß natürlich, dass er hier den Nachtschlaf meint.

"Der Toni Polster bekommt jetzt alles, was er von uns möchte - nur keinen Vertrag beim FC Bayern."

Klarer kann eine Absage nicht sein.....

"Disziplin wird künftig großgeschrieben. Ich habe fünf Kinder. Ich weiß, was Disziplin ist.

Weise gesprochen, eine Großfamilie läuft nur optimal, wenn ein gewisses Maß an Disziplin eingehalten wird. In einem großen Verein, der Erfog haben will, muss dies erst recht vorliegen.

"Ein Fußballspieler weiß, er kann den Erfolg nur mit der Mannschaft haben, aber er will auch über der Mannschaft stehen, und das erreicht er, indem er Tore schießt."

Stimmt, im Mittelpunkt einer Mannschaft stehen immer die erfolgreichen Torschützen und hervorragende Spielmacher.

"Es hat keine Absprachen gegeben, aber ein stillschweigendes Übereinkommen. Das hat sich während des Spieles ergeben."

Das nennt man blindes Verständnis.

"Es ist in den letzten Jahren sehr viel über Zuschauer geschrieben worden. Deshalb hat mich das interessiert, und ich bin mal in so einen Fan-Klub gegangen. Wenn man sich mit den Leuten dort unterhält, erfährt man, daß die Tag für Tag einen unheimlichen Frust erleben, entweder an ihrem Arbeitsplatz, weil sie eine absolut stupide Tätigkeit ausführen müssen, oder zu Hause, wo sie in total zerrütteten Familien leben. Wenn die dann, zum Teil schon betrunken, in die Stadien gehen und durch die Masse noch Mut bekommen, dann ist es menschlich verständlich, daß sie solche Schimpfwörter von sich geben. Gut, ich will das nicht unterstützen. Aber ich kann diese Menschen auch nicht verachten."

Hier beweist Rummenigge höchste Empathie. Er kann sich in diese Menschen hineinversetzen, und Ihre Handlungen nachvollziehen.

Oliver Kahn

Oliver Rolf Kahn wurde am 15. Juni 1969 in Karlsruhe geboren, und ist wohl einer der besten Torhüter aller Zeiten aus Deutschland und auch weltweit.

Er spielte während seiner einzigartigen Karriere beim Karlsruher SC und dem FC Bayern München, wurde dreimal zum Welttorhüter des Jahres gewählt und bekam 2002 als bisher einziger Torhüter den Goldenen Ball für den besten Spieler der Weltmeisterschaft.

Er war 2000 bis 2004 Mannschaftskapitän der deutschen Nationalmannschaft und 2002 holte er mit ihr den Vizeweltmeistertitel.

Oliver Kahn startete im Alter von sechs Jahren seine Fußballkarriere, war zuerst Feldspieler, wechselte aber bald ins Tor. Er spielte zunächst für den Karlsruher SC, wo schon Kahns Vater Rolf von 1963 bis 1965 in der Fußball-Bundesliga gespielt hatte. Auch sein Bruder Axel spielte für diesen Verein mehrere Spiele im Profifußball.

Auf der Torhüterposition durchlief Oliver Kahn den Jugendbereich und agierte darauf in der Amateurmannschaft des Vereins. In der Saison 1987/88 befand er sich zum ersten Mal bei den Profis auf der Ersatzbank und feierte am 27. November 1987 in Köln sein Bundesligadebüt. Bereits 1990 hatte er sich in der Bundesligamannschaft des KSC einen Stammplatz erkämpft, und spielte bis zu seinem Wechsel als unangefochtene Nummer eins im Tor. Kahn stand auch beim Wunder vom Wildpark 1993 im Tor. Hier siegte der KSC gegen FC Valencia in einem UEFA-Pokal-Spiel mit 7:0.

Für 4,6 Millionen Deutsche Mark wechselte er 1994 zum FC

Bayern München.

So viel wurde noch nie für einen Bundesliga-Torhüter gezahlt. Während seiner Zeit beim FC Bayern holte er mit seinem Team den UEFA-Pokal, acht Deutsche Meisterschaften, sechs Ligapokale, sechs DFB-Pokale sowie die UEFA Champions League und den Weltpokal.

Während seiner Vereinskarriere wurde Kahn manchmal von gegnerischen Fans mit Bananen beworfen (!), um ihn wegen seiner angeblichen Ähnlichkeit mit einem Gorilla zu verhöhnen. In der Saison 2000/01 kam es am letzten Spieltag gegen den Hamburger SV zu einem erstaunlichen Ereignis im Fernduell um die deutsche Meisterschaft mit Schalke 04. Das Spiel wurde aufgrund der Bananenwürfe und der daraus notwendigen Säuberungsarbeiten verspätet angepfiffen. Patrik Andersson traf in der 94. Minute mit einem indirekten Freistoß zum 1:1-Endresultat, durch den die deutsche Meisterschaft vor dem sich bereits als Meister wähnenden FC Schalke 04 in letzter Sekunde geholt wurde.

 **Die coolsten Sprüche bekannter Fußballer**

„Wir haben das Kapitel Nationalmannschaft endgültig auf den Grund gefahren."

Meinte er auf Eis gelegt oder beendet oder......?

„Ich rotiere höchstens, wenn ich Opfer des Rotationsprinzips werde."

No comment.......

„Ich dachte der Torwart darf im Strafraum die Hände benutzen."
(nach seinem Handtor im gegnerischen Strafraum)

Hier sehen wir wieder den einzigartigen Humor von Oliver Kahn, wobei er bei solchen Sprüchen immer in sich hineinlacht.

„Es gibt auch Leute, die sagen es gebe Außerirdische."
(auf die Frage ob Jens Lehmann der bessere Fußballer wäre)

Hier erkennen wir wieder den gleichen Humor......

„Der Trainer hat gesagt, wir sollen uns am Gegner festbeißen. Das habe ich versucht zu beherzigen."
(nach seinem versuchten Biß gegen Heiko Herrlich)
Oliver Kahn ist ein "Till Eulenspiegel", er nimmt wohl auch alles wörtlich.......

„Da müssen wir uns aber lange unterhalten jetzt."
(auf die Frage nach den Defiziten der deutschen Nationalmannschaft)

Hu, ja an diesem Tag spielte die deutsche
Nationalmannschaft alles andere, aber keinen Fußball.

„Ich habe die Liebkosungen gar nicht mitbekommen."
(nach seiner kurzzeitigen Bewusstlosigkeit über die
medizinische Erstversorgung per Mund-zu-Mund-Beatmung
durch Sami Kuffour)

Und wieder der typische "Kahn-Humor"......

„Ich muss mich erst erkundigen, wie viele Golfspieler unter
den Zuschauern sind."
(auf die Frage zu Konsequenzen im nächsten Auswärtsspiel
bei Borussia Dortmund nach dem Golfballwurf in Freiburg)

Stimmt, ist nur ein Golfspieler unter den Zuschauern, ist der
Täter schnell gefunden.

Lothar Matthäus

Lothar Herbert Matthäus wurde am 21. März 1961 in Erlangen geboren. Er ist einer der besten Fußballer Deutschlands aller Zeiten. Er arbeitet heute (Stand 2016) als Fußball-Experte, u. a. seit 2012 für den deutschen Pay-TV-Sender Sky.

Matthäus war Teilnehmer an fünf Weltmeisterschaften teil (1982, 1986, 1990, 1994, 1998) und ist mit 150 Länderspielen deutscher Rekordnationalspieler und mit 75 Spielen Rekordspielführer der Nationalmannschaft. 1990 holte er mit der deutschen Nationalmannschaft den dritten WM-Titel. Zu diesem Zeitpunkt war er auch Kapitän und ist heute einer von fünf Ehrenspielführern der Nationalmannschaft.

Zu Beginn seiner Karriere wurde er außerdem Europameister mit seinem Team. 1990 war er Europas Fußballer des Jahres und im Jahr auch noch der erste Weltfußballer des Jahres überhaupt. Als Vereinsspieler agierte er überwiegend für Borussia Mönchengladbach, den FC Bayern München und Inter Mailand.

Lothar Matthäus und seine besten Sprüche

„Ein Lothar Matthäus kann es sich nicht leisten, sich zu blamieren"

Das sollte man mit Sprüchen und Englisch wohl auch nicht tun. Warum? Das werden Sie weiter unten gleich lesen.

„Ein Lothar Matthäus lässt sich nicht von seinem Körper besiegen, ein Lothar Matthäus entscheidet selbst über sein Schicksal."

Wir wissen wohl, was er damit meint. Allerdings ist die Formulierung sehr unglücklich gewählt.

„Ein Lothar Matthäus braucht keine dritte Person. Er kommt sehr gut allein zurecht."

Wir hoffen, dass hier ein Versprecher vorliegt, und keine Schizophrenie.

„Ich hab' gleich gemerkt, das ist ein Druckschmerz, wenn man drauf drückt."

Eine sehr logische Erklärung von Druckschmerz äußert Matthäus hier.

"Ein Wort gab das andere- wir hatten uns nichts mehr zu sagen."
No comment.......

 **Die coolsten Sprüche bekannter Fußballer**

"Schiedsrichter kommt für mich nicht in Frage, schon eher etwas, das mit Fußball zu tun hat."

Na, ja, so ganz Unrecht hat er ja nicht. Die meisten Schiedsrichter haben keine Ahnung vom Fußball und auch Nichts mit Fußball zu tun.
Denn nur ein kleiner Anteil von Schiedsrichtern pfeift im Fußballsport. Denken wir an die Schiedsrichter aller anderen Sportarten.
Wir wollen nicht hoffen, das Matthäus diese Aussage auf Schiedsrichter im Fußball bezogen hat. Aber wir ahnen nichts Gutes......

"Das Chancenplus war ausgeglichen."

Unglückliche Formuliering, aber man versteht doch den Inhalt.......

"Wir dürfen jetzt nicht den Sand in den Kopf stecken."

Upps, ein lustiger Versprecher......

"Es ist wichtig, dass man 90 Minuten mit voller Konzentration an das nächste Spiel denkt."

Also wir glauben, dass Matthäus Folgendes damit meint:
Nach Abpfiff eines Fußballspiels sollte man sich hundertprozentig auf das nächste Spiel konzentrieren.

 **Die coolsten Sprüche bekannter Fußballer**

"Jeder, der mich kennt und der mich reden gehört hat, weiß genau, dass ich bald englisch in sechs oder schon in vier Wochen so gut spreche und Interviews geben kann, die jeder Deutsche versteht."

Also spricht er dann englisches Deutsch, Denglisch oder meint er, dass ihn dann jeder Engländer bzw. Brite versteht und er sich lediglich versprochen hat?

"I look not back, I look in front."

Wir glauben er meint "I look forward".

Wichtig ist, dass er jetzt eine klare Linie in sein Leben bringt."
(zum Kokain-Geständnis von Daum)

Nein, bitte keine klaren Linien mehr. Aber wir glauben, dass Matthäus nur ein unglückliche Formulierung wählte.

Jürgen Klopp

Jürgen Norbert Klopp wurde am 16. Juni 1967 in Stuttgart geboren. Er ist wohl einer der besten deutschen Fußballtrainer aller Zeiten.

Nach einigen kurzen Phasen im Amateurfußball war Klopp von 1990 bis 2008 für den 1. FSV Mainz 05 tätig, erst als Spieler und ab 2001 als Trainer. 2004 führte er Mainz erstmals in die Bundesliga. 2008 wechselte er schließlich zu Borussia Dortmund. Hier holte er mit seinem Team 2011 und 2012 die Deutsche Meisterschaft, und gewann das Double durch den Pokalsieg 2012. Weiterhin schaffte er im Jahre 2015 das Finale der UEFA Champions League 2013 und zwei weitere Pokalendspiele.

Seit Oktober 2015 ist Klopp Teammanager des FC Liverpool.

Jürgen Klopp und seine besten Sprüche

„Es geht derzeit um die TV-Rechte. Jetzt wissen wieder alle, warum sie so viel blechen sollen."
Ja, das stimmt. Manche TV-Gebühren sins maßlos überzogen

„Beim KSC erwecken sie clevererweise den Eindruck, sie würden den Klassenverbleib anstreben. Ich war in Karlsruhe und habe mich im Wildparkstadion in den VIP-Bereich verlaufen. Wer seinen Gästen so etwas zu essen gibt, der will aufsteigen."
Das ist eine nette Gleichung, die Klopp hier aufstellt. Gutes Essen im VIP-Bereich bedeutet Aufstiegswille. Einen schönen Humor beweist er hier.

„Beim ersten Interview war ich sehr enttäuscht. Beim zweiten zehn Minuten später ging es schon besser. Wenn ich noch eine halbe Stunde warte, dann habe ich wahrscheinlich das Gefühl, dass wir gewonnen haben."

Hier erkennen wir wieder den gleichen köstlichen Humor von Klopp.

„Als der BVB das letzte Mal hier vor 19 Jahren gewonnen hat, wurden die meisten meiner Spieler noch gestillt."

No comment.......

„Ich beglückwünsche jeden Fan, der bei unserem Spiel in Cottbus bis zum Schluss vorm Fernseher durchgehalten hat."

Wer das Spiel gesehen hat, weiß wie recht Klopp mit dieser Aussage hat.

„Ich hab' meinen Spielern in der Pause gesagt: „Wenn wir schon mal hier sind, können wir doch eigentlich auch ein bisschen Fußball spielen."

Besser kann man eine sehr schlechte sportliche Aufführung im Fußball wohl kaum in Worte fassen.

„Ich habe es in meiner aktiven Karriere leider nicht geschafft, auf dem Platz das zu bringen, was sich in meinem Gehirn abgespielt hat. Ich hatte das Talent für die Landesliga und den Kopf für die Bundesliga – herausgekommen ist die zweite Liga."
Klopp über seine Spieler-Karriere

Hier erkennen wir, dass ein intelligenter Spieler wie Jürgen Klopp Talentmangel ausgleichen und damit einige Spielklassen höher spielen kann.

„Wir werden auf ihn warten wie eine gute Ehefrau, die auf ihren Mann wartet, der im Knast sitzt."
Jürgen Klopp über den verletzten Abwehrspieler Mats Hummels.

Das ist eigentlich ein sehr guter Vergleich, und beweist die damalige Bedeutung von Mats Hummels für den Verein.

„Als der BVB das letzte Mal hier vor 19 Jahren gewonnen hat, wurden die meisten meiner Spieler noch gestillt."

Klopp nach einem Sieg gegen die Bayern und deutet auch das geringe Durchschnittsalter seines Teams an.

„Ich bin – das wird nun überraschen – nicht blöd! Ich merke, wenn ich Glück habe. Und der BVB ist ein Geschenk!"

Nun gut, hier ist er sehr bescheiden. Jeder weiß, dass Jürgen Klopp ein sehr intelligenter Mensch ist.

 **Die coolsten Sprüche bekannter Fußballer**

„Der Einzige, der das wirklich gar nicht witzig fand, war Marcel Reif, aber der findet in seinem Leben sowieso nichts mehr witzig."
Klopp im Zusammenhang mit dem Torjubel von Pierre-Emerick Aubameyang und Marco Reus

No comment.......

„Zuerst einmal möchte ich mich bei Ihnen bedanken. Ich sehe Sie hier zum ersten Mal, aber direkt eine Forderung zu stellen, was ich zu sagen habe... Hut ab! Welches Ressort? Was machen Sie? Tierfilme? Sport, oh, alles klar."
Klopp zu einem WDR-Journalisten, der vor dem Champions-League-Spiel gebeten hatte, auf Floskeln zu verzichten.

Hier weist Klopp sehr geschickt einen WDR-Journalisten in die Schranken, der wohl etwas zu sehr dominant auftritt (noch freundlich formuliert).

Pele

Pele war ein brasilianischer Fußballspieler, der am 23. Oktober 1940 in Tres Coracoes in Brasilien geboren wurde. Sein eigentlicher und vollständiger Name ist Edson Arantes do Nascimento. Er spielte meistens im Sturm, gelegentlich im offensiven Mittelfeld.

Mit der brasilianischen Nationalmannschaft holte er drei Fußball-WMs. Pele war schnell, stark, machte gute Kopfstöße, hatte ein gutes Dribbling und eine schnelle und perfekte Ballfertigkeit.

Für die meisten Fußballexperten ist er der beste Fußballer aller Zeiten.

Pele und seine besten Sprüche

"Als ich 1969 im Maracana-Stadion mein tausendstes Tor geschossen habe, läuteten in ganz Brasilien die Kirchenglocken. Ich habe mir damals gewünscht, dass alle Kinder aus armen Verhältnissen eine Chance auf ein besseres Leben bekommen. Es hat sich seitdem leider viel zu wenig getan. Kinderarbeit ist noch immer ein Problem. Gerade deshalb ist es wichtig, jetzt den Kampf dagegen nicht aufzugeben."

Pele ist als Kind in ärmlichen Verhältnissen aufgewachsen, und dann mit seiner Fußballkarriere zu einem reichen Mann geworden. Er hat es gelernt in Armut und auch in Reichtum zu leben. Dies machte ihn zu einer absoluten Persönlichkeit. Bis heute (Stand 2017) engagiert sich Pele gegen Kinderarbeit und -armut. Hier hilft ihm auch der Glaube an Gott, wie dies in weiteren Zitaten unten noch deutlicher wird.

"Arm, reich, hässlich oder schön, für Gott sind alle Menschen gleich. Warum er ausgerechnet mir diese Gabe geschenkt hat, weiß ich nicht. Ich hätte in meinem Leben nur Fußball spielen können. Michelangelo hat gemalt, Beethoven Klavier gespielt und ich Fußball."

Hier erkennen wir wieder die Bescheidenheit von Pele und auch seinen Glauben.

"Das Problem ist, dass Beckham das berühmte Spice Girl geheiratet hat und nun eher ein Popstar als ein Fußballspieler ist."
Hier beweist Pele einen gesunden Humor.

"Ein Leben ohne Fußballspielen kann ich mir gar nicht vorstellen. Ich hoffe, dass man auch im Himmel Fußball spielen kann!"

Das hoffen wir für Pele auch.

"Es wird nur einen Pelé geben, wie es auch nur einen Frank Sinatra oder nur einen Michelangelo gegeben hat. Ich war der Beste."

Hier kann man geteilter Meinung sein. Pele gehört aber mindestens zu den fünf besten Fußballern aller Zeiten. Wir dürfen hier Spieler wie Maradona, Messi, Ronaldo oder Friedenreich (den meisten nicht mehr bekannt, gleich aber mehr zu diesem Spieler) nicht vergessen.

"Ich komme aus einer sehr religiösen Familie. Der Glaube ist allgemein sehr wichtig für die Brasilianer. Deshalb ist die Begegnung mit dem Papst ein besonderes Ereignis für mich. Auch Papst Benedikt habe ich kurz vor der Fußball-WM in Deutschland getroffen. Somit habe ich bereits von drei Päpsten den Segen erhalten."

Cristiano Ronaldo

Cristiano Ronaldo dos Santos Aveiro wurde am 5. Februar 1985 in Funchal (Portugal) geboren. Er ist der bekannteste portugiesische Fußballspieler aller Zeiten, und steht seit dem Sommer 2009 bei Real Madrid unter Vertrag (Stand 2018). Weiterhin ist er Kapitän und Rekordtorschütze der portugiesischen Nationalmannschaft. Neben Lionel Messi zählt er zu den besten Fußballern aller Zeiten.

Cristiano Ronaldo und seine besten Sprüche

"Wenn alle auf meinem Niveau spielen würden, wären wir Erster."

Klar, eine gesamte Mannschaft mit dieser Leistungsfähigkeit wäre natürlich unschlagbar.

"Eure Liebe macht mich stark, euer Hass macht mich unaufhaltbar."
No comment........

"Wenn mich jemand als den Besten der Welt bezeichnen würde, würde mich das nicht überraschen."
Ronaldo hat einen eigenartigen Humor. Mindestens bis ins Jahr 2015 war er wohl für jeden zweiten Menschen auf diesem Planeten der beste Fußball-Spieler (die anderen 50 Prozent sahen in der gleichen Zeit wohl Messi an dieser Stelle).

"Die Leute beneiden mich, weil ich reich, schön und ein guter Fußballer bin. Es gibt keine andere Erklärung."
Natürlich beneiden viele Menschen Cristiano Ronaldo genau aus diesen Gründen. Ronaldo schätzt sich realistisch ein und kommt sehr arrogant rüber. Aber man muss bedenken, dass dies auch ein Selbstschutz sein kann. Denken wir daran, wie liebevoll Ronaldo mit kleinen Kindern umgeht oder wie viel er für seine Verwandtschaft und Bedürftige tut.
Weiterhin sind die meisten wohl "positive" Neider und viele Menschen gönnen Cristiano Ronaldo seinen Erfolg.

 **Die coolsten Sprüche bekannter Fußballer**

"Die Schiedsrichter sagen sie schützen die talentierten Spieler. Aber wenn ich spiele, beschützt mich niemand. Andere kann man nicht anrühren, aber mich darf man mit einem Stock schlagen. Ich verstehe das nicht.
Hier hat Ronaldo nicht ganz unrecht. Hervorragende Spieler werden wohl häufiger gefoult, weil die durchschnittlichen Spieler oft nicht anders verteidigen können. Denken wir nur an Pele bei der WM 1966.

"Ich liebe es, den Hass in den Augen der Leute zu sehen und ihre Beleidigungen zu hören. Es macht mir nichts aus. Es gibt viele Leute, die mich hassen, aber es gibt mehr, die mich schätzen. Ich fühle mich nur dann schlecht, wenn ich schlecht spiele. Glücklicherweise passiert das selten."
Die Aussage ist vollkommen realistisch. Allerdings werden die meisten Menschen höchsten Respekt vor Cristiano Ronaldo haben. Natürlich fühlt er sich nach einem schlechten Spiel auch schlecht. Denn dann hat er seinen Job schließlich nicht gut erledigt, und bei einem solchen Gehalt kann man (fast) immer eine Top-Leistung erwarten.

"Wer ist Götze? Ist er gut? Auf welcher Position spielt er?
Ich habe leider kaum Gelegenheiten, mir Bundesligaspiele anzuschauen."
Ein absoluter Weltklasse-Spieler wie Ronaldo muss nun wirklich nicht alle Bundesliga-Spieler aus Deutschland namentlich kennen. Aber Götze sollte ihm doch bekannt sein. Wir wollen aber in diese Aussage nichts Negatives hineininterpretieren.....

Lionel Messi

Lionel „Leo" Andres Messi Cuccittini wurde am 24. Juni 1987 in Rosario geboren. Er besitzt inzwischen neben der argentinischen Staatsangehörigkeit auch die spanische.

Schon mit 13 Jahren spielte Messi für den FC Barcelona, hier wurde er mit 24 Jahren Rekordtorschütze. Mittlerweile ist er auch Rekordtorschütze der Primera Division.

Von 2009 bis 2012 wurde er viermal zum weltbesten Fußballer des Jahres gewählt, 2015 zum fünften Mal (!).

Die spanische Meisterschaft holte er siebenmal mit dem FC Barcelona und dreimal die Copa del Rey.

Seit geraumer Zeit besteht ein durch die Medien stilisierter Wettkampf zwischen Messi und seinem Rivalen Cristiano Ronaldo um Torrekorde und die Wahl zumWeltfußballer.

Messi und seine besten Sprüche

"Um zu einer Legende zu werden, muss man einen WM-Titel holen."

Hier hat er wohl weitgehend recht. Denken wir an Spieler wie Arthur Friedenreich oder Ferenc Puskas. Zu ihrer Zeit die besten Spieler der Welt. Doch wer kennt sie noch?

"Wir spielen den schönsten Fußball, haben die schönsten Spieler und wissen, wie wir unsere Frauen behandeln müssen."

Natürlich fehlt in diesem Satz: "Wir haben auch die schönsten Frauen."

Michel Platini

Michel Platini wurde am 21. Juni 1955 in Joeuf (Frankreich) geboren. In den 80er Jahren war Platini einer der besten Fußballer (Mittelfeldposition) weltweit. Man wählte ihn dreimal zum Europas Fußballer des Jahres. Dies war 1983, 1984 und 1985 (!).
Noch heute ist er eines der größten Sportidole Frankreichs, und zählt neben Zinedine Zidane als bester Spieler den dieses Land jemals hervorgebracht hat.

Michael Platini und seine besten Sprüche

"Den Mächtigen muss man manchmal auf die Zehen steigen."

(Gedanken des ehemaligen Superstars - und am 26. 1. 2007 zum Präsidenten der UEFA gewählten Franzosen mit weiteren Zitaten unten in diesem Zusammenhang)

"Er kann sagen, was er will. Das ist mir egal. Herr Lahm ist nicht mein Chef. Er hat von mir nichts zu fordern. Er ist Kapitän der deutschen Nationalmannschaft, nicht Kapitän der Uefa."

Dies ist eine deutliche Ansage von Platini an Lahm, den er wohl zurecht in seine Schranken weist.

"Fachleute haben mir gesagt, ich würde acht bis zehn Jahre brauchen, um alle meine Ideen umzusetzen."

Na, ja die Fachleute müssen es ja wissen.....

"Fußball ist ein Spiel, kein Produkt, ist Sport, kein Markt, zunächst ein Spektakel - und kein Geschäft."

Also wenn der Profi-Fußball kein "Riesen-Geschäft" ist.......

 **Die coolsten Sprüche bekannter Fußballer**

Joachim Löw

Joachim Löw wurde am 3. Februar 1960 in Schönau im Schwarzwald geboren. Der deutsche Nationaltrainer ist wohl einer der besten Trainer der Welt. Er selber spielte auf der Position des Stürmers.

"Es ist nicht so, dass wir beratungsresistent irgendwo im Zimmer oder im Keller sitzen." (Assistenztrainer Löw zum Vorwurf gegen ihn und Bundestrainer Jürgen Klinsmann, Kritik aus der Bundesliga nicht anzunehmen - Oktober 2005)
Das sind immer wieder die negativen Kritiken, die von außen kommen. Aber Löw reagiert wie (fast) immer souverän.

"Es ist der falsche Ansatz zu sagen, wir müssen zurück zu alten deutschen Tugenden, Laufen und Kämpfen. Das würde bedeuten, zu einem Jugendlichen zu sagen, du musst Rechnen können, dann wirst du Mathematik-Professor." (Löw in Genf bei einer Generalkritik am deutschen Fußball - Mai 2006)

Die Aussage und das Gleichnis sind vortrefflich, "Kick and Rush" sind Schnee von gestern.

"Ich habe einen Teil der Mannschaft per SMS informiert, weil alle ja im Moment an verschiedenen Orten dieser Welt in Urlaub sind. Ich weiß nicht, ob ich wegen der Zeitverschiebung einige geweckt habe im Schlaf. Einige haben mir danach mitgeteilt: Herzlichen Glückwunsch" (Löw nach der Vertragsverlängerung - Juli 2010).

"Was hat mal ein ganz großer Kollege von mir gesagt, Giovanni Trapattoni: Ein Trainer ist kein Idiot!" (Löw auf die Frage, wie seine Personalentscheidungen zustande kämen, mehr aus Gefühl oder mehr aus Erkenntnissen - Juni 2012)

Wieder reagiert Löw souverän. Ein Trainer, der nach dem Gefühl oder nur nach dem Gefühl handelt, kann nicht erfolgreich sein.

"Wir spielen mit einem Torhüter, mit Abwehrspielern. Wir spielen natürlich auch mit einem Stürmer." (Löw auf die Frage, ob er im WM-Qualifikationsspiel gegen Kasachstan wieder ohne "echte" Sturmspitze spielen lassen werde - März 2013)

Gute Antwort auf eine blöde......

"Ein Nationaltrainer darf nicht Fähnchen im Winde sein. Ich muss Entscheidungen treffen. Dass es viele selbst ernannte Bundestrainer gibt, das ist auch normal. Das kenne ich seit vielen Jahren." (Löw zur Kritik an seiner Führungsstil und seiner Personalpolitik - Oktober 2013)

Auch hier beweist Joachim Löw seine Souveränität und Schlagfertigkeit.

 **Die coolsten Sprüche bekannter Fußballer**

Zlatan Ibrahimovic

Zlatan Ibrahimovic wurde am 3. Oktober 1981 in Malmö geboren, und ist ein schwedisch-bosnischer Fußballspieler. Als einziger Spieler wurde der Stürmer zehnmal mit dem Guldbollen als schwedischer Fußballer des Jahres ausgezeichnet, sensationell davon neunmal in Folge. Er ist einer der besten Stürmer der Welt (Stand bis 2016), und fällt extrem durch seine starke Technik und spektakulären Spielszenen auf. Seit Sommer 2016 steht Ibrahimovic bei Manchester United unter Vertrag. Von 2001 bis 2016 spielte er für die schwedische Nationalmannschaft, und traf hier 62mal

Zlatan Ibrahimovic und seine besten Sprüche

"Ihr redet, ich spiele."

Hier stellt Ibrahimovic gleich klar, wer der Chef im "Ring" ist.

"Glaubst du an Jesus?
Dann glaubst du an mich!"

Diesen Spruch möchten wir aus verständlichen Gründen nicht kommentieren.

"Denkst du, du bist meine Mutter?", fuhr er einst seinen Juniorentrainer an, als er mehr Disziplin von ihm forderte. Wir denken, dass es Zlatan Ibrahimovic schwerfällt, sich unterzuordnen.

 **Die coolsten Sprüche bekannter Fußballer**

Die Beziehung zwischen Barcelona-Trainer Guardiola und dem Schweden war sehr bescheiden. Das endgültige Aus kam, als Ibra ihn unter vier Augen wie folgt anfuhr: "Du hast keine Eier und scheißt dir vor Mourinho in die Hose. Im Vergleich zu ihm bist du ein Nichts - fick' dich!"

Das ist absolute Respektlosigkeit gegenüber einem der besten Trainer der Welt, und wird nicht weiter kommentiert.

Der norwegische Nationalstürmer John Carew warf dem Schweden eins vor, nicht effektiv zu spielen. Ibrahimovics Antwort: "Was der mit dem Ball kann, kann ich mit einer Orange."

Dieser Vergleich ist nicht unbedingt falsch, Ibrahimovic spielt schon eine ganze Klasse besser als John Carew.

Auf die Frage einer katalanischen TV-Reporterin nach seiner sexuellen Neigung, gab Zlatan folgende Antwort: "Komm mit deiner Schwester in mein Haus, dann siehst du, ob ich schwul bin."

Man sollte aufpassen wem man diese Frage stellt. Der Schuss ging hier wohl nach hinten los.

"Wir brauchen den Philosophen nicht, der Zwerg und ich reichen vollkommen." (Wobei er wohl mit dem Philosophen Guardiola und mit dem Zwerg Messi meint).

 **Die coolsten Sprüche bekannter Fußballer**

Hier stellt Ibrahimovic wohl klar, wen er für die besten Spieler der Welt hält (Stand bis 2016), sich selbst und Messi. Unrecht hat er wohl nicht, aber Ronaldo fehlt noch.

"Gibt es einen Verteidiger, den Sie fürchten?" "Nein, denn wer mich stoppen will, muss mich umbringen."

Eigentlich keine schlechte Antwort.......

Auf die Frage nach seinen Idolen, sagte er: "Gibt es nicht. Es gibt nur den Zlatan-Stil."

Auch hier trotzt Ibrahimovic wieder vor Selbstbewusstsein.

Einmal erläuterte er ein Dribbling gegen Sami Hyppiä so: "Ich ging nach links, er ging mit. Ich ging nach rechts, er ging mit. Dann ging ich noch mal nach rechts, und er ging zum Würstchenstand."

Einzigartige und perfekte Beschreibung wie Zlatan einen Verteidiger absolut schwindelig spielte.

 **Die coolsten Sprüche bekannter Fußballer**

David Beckham

David Robert Joseph Beckham wurde am 2. Mai 1975 in London geboren. Im Jahre 2004 nahm ihn Pelé in die Liste der weltweit 125 besten lebenden Fußballer auf. Neben seinen sportlichen Erfolgen ist Beckham auch im Geschäftsbereich außerhalb des Fußballs aktiv. Nach einer Einschätzung des amerikanischen Nachrichtenmagazins Time war er 2004 eine der 100 weltweit einflussreichsten Geschäftsleuten. Außerdem ist eine der global erfolgreichsten Werbefiguren.

Beckham wurde 1999 und 2001 jeweils Zweiter bei der Wahl zum Weltfußballer des Jahres. Er ist bisher (Stand 2016) der einzige Engländer, der in drei verschiedenen Weltmeisterschaftsturnieren jeweils ein Tor erzielen konnte und erst der fünfte Spieler überhaupt, dem dabei mindestens zwei direkt verwandelte Freistoßtore gelangen.

Seine Profikarriere begann er 1992 im Alter von 17 Jahren bei Manchester United.

David Beckham und seine besten Sprüche

"Ich würde mich nie über meine Stellung oder über die Aufmerksamkeit, die ich erhalte, beschweren. Im Endeffekt bin ich sehr glücklich mit dem, was ich habe und tue, aber ich denke nicht, dass ich irgendwie anders bin als jeder, der hart arbeitet, Vater und Ehemann ist."

Hier äußert sich Beckham sehr bescheiden über seinen Ruhm. Gleichzeitig zeigt er hier Respekt über jede fleißige Person und fürsorgliche Eltern.

"Nun, ich kann im Zentrum, auf der rechten und gelegentlich auf der linken Seite spielen."

Natürlich konnte ein David Beckham auf (fast) jeder Position spielen.

"Ich erinnere mich genau daran, wie wir ins Krankenhaus gingen, in dem Victoria Brooklyn bekam. Ich aß damals einen Lion-Riegel."

Beckham über die Geburt seines Kindes und einer seiner schönsten Erinnerungen.

"Ich bereue meine Entscheidung zum Rücktritt nicht. Mein Körper verlor an Schärfe. Ich brauchte immer länger, um mich von Verletzungen zu erholen. Irgendwann muss man aussteigen."

 **Die coolsten Sprüche bekannter Fußballer**

Beckham erklärt hier kurz seinen Rücktritt, was man besser, präziser und kurzer nicht hätte formulieren können. Immer wieder erkennt man die hohe Intelligenz von Beckham, welche sich auch in seinem Geschäftsleben immer wieder zeigt.

"Ich werde nie vergessen, wo ich herkomme, nie meine Wurzeln vergessen. Es ist egal, wo ich lebe. Ich bin Engländer, so einfach ist das."

Ich glaube, wir können hier von einer gesunden Einstellung sprechen.

"Alex Ferguson ist der beste Trainer, den ich auf diesem Niveau je hatte. Nun, eigentlich ist er der einzige Trainer, den ich auf diesem Niveau hatte. Aber er ist der beste Trainer, den ich je hatte."

Schönes Lob an Alex Ferguson (gleich unten mehr von ihm)

Alex Ferguson

Sir Alexander Chapman „Alex" Ferguson wurde am 31. Dezember 1941 in Glasgow geboren. Er ist ein ehemaliger schottischer Fußballspieler und -trainer. Ferguson ist wohl einer der besten Trainer aller Zeiten. Von 1986 bis 2013 trainierte er Manchester United. In etwa 27 Jahren gewann Ferguson mit United 38 Titel, unter anderem 13-mal die englische Meisterschaft, fünfmal den FA Cup, zweimal die Champions League und einmal den Europapokal.

Alex Ferguson und seine besten Sprüche

Sie sollten nicht versuchen, in das Gehirn eines Verrückten zu schauen." (Über sich selbst)

No comment.......

Zum Sportchef des Daily Mirror auf die Frage, ob dieser etwas tun könne, um das Verhältnis des Blattes zu Ferguson zu normalisieren: "Ja, das können Sie - indem Sie sich ins Knie f***** und sterben."

Das war eine deutliche Ansage an den Chef des Daily Mirror, aber nicht auf die feine englische Art. Ach, ja, Ferguson ist doch Schotte.....

 **Die coolsten Sprüche bekannter Fußballer**

Bei seinem Amtsantritt 1986 über den damaligen Rekordmeister: "Ich will Liverpool von ihrem verdammten Ast hauen."

Dies ist wiederum eine klare Ansage an den "Feind".

Aus Fergusons Halbzeitansprache im Endspiel der Champions League 1999 gegen Bayern München: "Am Ende dieses Spiels wird der Europacup nur sechs Fuß von Euch entfernt stehen - und ihr werdet ihn nicht einmal anfassen dürfen. Und viele von Euch werden nie mehr so nah rankommen. Wagt es ja nicht, hier nachher reinzukommen, ohne alles gegeben zu haben."

Hier zeigt sich das souveräne Auftreten von Ferguson als Trainer, und wir erkennen, warum seine Spieler immer so viel Respekt vor ihm hatten.

Ferguson: "Wenn mir ein Italiener sagt, dass das auf dem Teller Pasta ist, schaue ich unter der Soße nach, um sicher zu gehen. Die sind die Erfinder der Vernebelungstaktik."

Besser kann man die Taktik des italienischen Fußballs wohl kaum erklären.

Ferguson: "Pippo Inzaghi wurde im Abseits geboren."

Pippo Inzaghi lief wohl etwas oft ins Abseits.

Johan Cruyff

Johan Cruyff wurde am 25. April 1947 in Amsterdam geboren. Für viele Experten war er Europas Fußballer des Jahrhunderts. Cruyff war ein genialer Spielmacher, und agierte als Mittelfeldspieler und Stürmer. Er war der Star des „totalen Fußballs" (totaal voetbal), mit dem Ajax Amsterdam seine größten Erfolge sicherte. Unglücklich verloren Cruyff und seine niederländischen Kollegen gegen Deutschland bei der WM 1974 im Finale mit 2:1.

Danach spielte Cruyff in Spanien, den USA und dann wieder in den Niederlanden.

Johan Cruyff und seine besten Sprüche

"Ein Titel ist gut, zwei Titel sind besser. Da läuft sich der Held, wenn er seine Orden trägt, die Absätze wenigstens gleichmäßig schief."

Hier beweist Cruyff direkt seinen trockenen und köstlichen Humor.

"Fußball spielen ist sehr simpel, aber simplen Fußball zu spielen, ist das Schwierigste überhaupt."

In einem Satz verdeutlicht Cruyff wie man erfolgreich Fußball spielt. Einfache Pässe, mit wenig Spielstationen vor das gegnerische Tor und mit einem eiskalten Abschluss zum Torerfolg kommen. Und nicht mit "Kniechen, Näschen, Öhrchen, Törchen" zu kompliziert agieren.

"Bevor ich einen Fehler mache, mache ich ihn erst gar nicht."

Johan Cruyff hat in seiner gesamten Fußballkarriere wirklich wenig Fehler begangen. Er gehört nicht umsonst zu den besten Fußballern aller Zeiten.

"Bayern ist eine schreckliche Mannschaft, in der so genannte Stars nicht fähig sind, sich drei Mal den Ball zuzuspielen."

No comment......

"Ich habe zwei Masseure, einer spielte in der zweiten, einer in der dritten Division. Beide schießen links wie rechts problemlos. Wer aber ist von meiner Mannschaft beidfüßig?

Eine sehr harte Kritik con Cruyff an seine Mannschaft.

"Wenn du hinten liegst, musst du einen Verteidiger einwechseln."

Meinte er das ernst?

"Ich glaube nicht an Gott. In Spanien bekreuzigen sich alle 22 Spieler vor jedem Spiel. Würde das irgendwas bewirken, dann gingen danach alle Spiele grundsätzlich unentschieden aus."

Hier braucht man nicht weiter nach der religiösen Einstellung von Johan Cruyff fragen.

"Fussballer von der Straße sind wichtiger als studierte Trainer."

Hier erkennt man, wie er die Wichtigkeit eines Trainers einstuft.

"Nicht gegen Deutschland - zum Kotzen!"

Cruyff äußert sich hier zum Halbfinal-Aus der DFB-Elf bei der WM 2010. Er wollte sich wohl gern für die Final-Pleite von 1974 revanchieren.

Giovanni Trapattoni

Giovanni „Trap" Trapattoni wurde am 17. März 1939 in Cusano Milanino bei Mailand geboren. Er selber war ein italienischer Fußballspieler und ist einer der besten Trainer aller Zeiten. Seit 2010 trainiert er die Fußballauswahl der Vatikanstadt (Stand 2016).

Trapattoni war als Spieler von 1957 bis 1971 14 Jahre lang für den AC Mailand aktiv, und holte dabei mit seiner Mannschaft zweimal den Europapokal der Landesmeister und einmal den der Pokalsieger.

Als Trainer war er vor allem mit Juventus Turin in einer 10 Jahre andauernden Amtszeit erfolgreich, und errang neben dem Weltpokal alle drei Europapokale je einmal, den UEFA-Pokal sogar zweimal und später noch einmal mit Inter Mailand. Als Spieler und Trainer holte er acht große Europapokalerfolge und neun Italienische Meistertitel. Hinzu kommen noch drei Landesmeisterschaften in Deutschland, Österreich und Portugal. Sein zuvorkommendes Auftreten brachte ihm den Spitznamen "Maestro" ein.

Giovanni Trapattoni und seine besten Sprüche

"Meine Frau fragt mich ständig: 'Wann hörst du endlich auf?' Und ich antworte ihr regelmäßig: 'Eines Tages!'

Mit anderen Worten: Er wird so lange Trainer bleiben, wie es seine Gesundheit zulässt.

"Wenn sich die Welt eines Tages plötzlich doppelt so schnell dreht, muss man sich anpassen und schneller laufen. Es nützt nichts, sich gegen das Internet zu sträuben. Besser ist es, man nutzt die Vorteile, die es bietet. Ebenso unnütz ist es, dem Fussball einer anderen Epoche nachzutrauern."

Trapattoni weiß genau, dass eine gewisse Anpassungsfähigkeit als Erfolgsrezept unabdingbar ist.

"Der Fussball hat sich in den letzten zehn Jahren stark verändert. Die Spieler haben keine Scheu mehr, in aller Herren Länder zu wechseln. Die Kabine ist ein Ort des kulturellen Austauschs. Ich halte den Fussball für einen Modellversuch der Globalisierung."

Das kann man durchaus so sehen......

"Man muss Erfahrung aufweisen können und den internationalen Fussball gut kennen, wenn man auch im Ausland Erfolg haben will. Man muss die Sprache erlernen, seine Ernährung umstellen, sich den landestypischen Gepflogenheiten anpassen, und man darf vor allem niemals improvisieren, wenn es darum geht, akzeptiert zu werden. Andernfalls tritt man auf wie der Elefant im Porzellanladen."

Richtig, ein Trainer, der im Ausland erfolgreich sein will, muss eine gewisse Anpassungsfähigkeit besitzen und eine hohe Sprachintelligenz aufweisen.

"Ich fürchte keine Tomaten."
Vor der Rückkehr mit seinem schon im WM-Achtelfinale gescheiterten Spielern nach Italien beweist er dennoch einen gewissen Humor.

"Enzo Bearzot war der Garibaldi des Fussballs. Mit einer Gruppe treuer Gefährten, wie der "Zug der Tausend" von Garibaldi, hat er Italien geeint, indem er 1982 die Weltmeisterschaft gewonnen hat, als niemand daran glaubte."

"Ich habe fertig!"
Mit diesen Worten beendete er als damaliger FC Bayern-Trainer seine legendäre Wutrede bei einer Pressekonferenz 1998, als er sich überwiegend über seine Spieler Thomas Strunz, Mario Basler und Mehmet Scholl ärgerte, die ihn zuvor kritisiert hatten.
Na, ja, auch der intelligenteste Trainer begeht Sprachfehler.

Pep Guardiola

Josep "Pep" Guardiola i Sala wurde am 18. Januar 1971 in Santpedor, eine Provinz von Barcelona, geboren. Der ehemalige spanische Fußballspieler ist zur Zeit einer der besten Fußballtrainer der Welt.

Pep Guardiola wurde in der Jugendakademie des FC Barcelona trainiert, und agierte von 1990 bis 2001 elf Profijahre erfolgreich für die Katalanen als defensiver Mittelfeldspieler.

Seine Trainerkarriere begann er 2007 beim FC Barcelona. Diese führte er 2008/09 zum Gewinn der spanischen Meisterschaft, der Copa del Rey und der UEFA Champions League. Nach drei weiteren Titeln im selben Jahr war Guardiola der erste Trainer, der sechs Titel in einem Jahr mit seiner Mannschaft holte. Die Champions League gewann er wiederum 2011, 2012, zwei weitere Meisterschaften und einen Pokalsieg. Von 2013 bis 2016 übernahm er die Bundesligamannschaft des FC Bayern München, mit der er drei deutsche Meisterschaften und zwei DFB-Pokalsiege erreichte. Seit dem 1. Juli 2016 trainiert Guardiola das Premier-League-Team von Manchester City.

Pep Guardiola und seine besten Sprüche

Auf die Frage, warum er vor seinem Amtsantritt nicht in München war:
„Meine Deutschlehrerin hat den BVB unterstützt. Sie hat mir nicht erlaubt, hierher zu kommen."

Eigenartiger Humor.......

Sein gelungener Konter gegen Sebastian Kehl von Borussia Dortmund, der dem FC Bayern vorschlug, Elfmeterschießen zu üben:
„Wir haben jetzt Zeit zu üben, weil wir die Bundesliga schon gewonnen haben. Mein Rat für Sebastian Kehl ist: Wenn du 35 Punkte Rückstand hast, ist es besser zu schweigen."

Dies ist wohl eine deutliche und gelungene Ansage an Sebastian Kahl.

„Xabi Alonso ist 32. Wenn wir das Spiel kontrollieren, kann er alle drei Tage spielen. Aber wenn wir das Spiel nicht kontrollieren, wenn er ständig vor und zurück muss, ist er in einem Monat tot!"

War das eine Anspielung auf das "hohe" Alter von 32 Jahren?

Über Doppeltorschütze Philipp Lahm nach dem 6:0 gegen Werder Bremen:
„Ich bin ein bisschen enttäuscht von Philipp, ich wollte einen Hattrick von ihm. Vielleicht spielt er nächstes Mal nicht."

Hier beweist Pep seinen trockenen und angenehmen Humor.

Pep über den Unterschied zwischen Champions League und der Bundesliga:
„Champions League ist wie ein gutes Essen in einem schönen Restaurant, die Bundesliga ist wie jeden Tag Pizza und Hamburger."

In der Position als Spitzentrainer von Super-Mannschaften kann man durchaus diesen Vergleich anstellen.

„Ich bin wegen der Spieler und der Geschichte des FC Bayern hier. Wenn Bayern dich ruft, ist das eine Ehre, ein Geschenk."

Pep fühlt sich vom Angebot des FC Bayern München geehrt, was wohl jeder verstehen kann.

Diego Maradona

Diego Armando Maradona wurde am 30. Oktober 1960 in Lanus (Argentinien) geboren. Er spielte bei vier Weltmeisterschafts-Endrunden von 1982 bis 1994 mit (!). Er wurde mit Argentinien 1986 Weltmeister und 1990 Vize-Weltmeister.

Diego Maradona und seine besten Sprüche

Mein erster Traum ist es, bei einer WM dabei zu sein. Der zweite ist, die WM zu gewinnen."
Maradonas erstes Interview vor laufender Kamera. Damals wurde er im Alter zwölf Jahren als vielversprechender Nachwuchsspieler interviewt.
Ja, und so sollte alles kommen......

"Drogen kann man nicht in den Griff bekommen, denn es sind die Drogen, die einen im Griff haben. Wer sich hinstellt und sagt 'Ich habe die Drogen im Griff', der lügt oder hält sich für Richard Gere."
Hier sehen wir, dass Maradona erkennt wie die Drogen das Leben eines Menschen verändern und ihn kontrollieren. Er selber musste diese schlimme Erfahrung ebenfalls machen.

"Ich habe 40 Jahre so intensiv gelebt, als wären es 70 gewesen. Dabei habe ich alles Mögliche durchgemacht und bin immer wieder aufgestanden. Ich bin wie aus heiterem Himmel aus den Tiefen der Villa Fiorito bis auf den Gipfel des Mount Everest aufgestiegen. Und einmal ganz oben angekommen, war ich plötzlich auf mich allein gestellt, weil mir niemand erklärt hatte, wie man sich in einer solchen Situation verhält."

Eine Erinnerung an seinen kometenhaften Aufstieg und plötzlichen Ruhm verbunden mit einem tiefen Fall und Ohnmacht.

"Ich werde ewig Freude über das Tor empfinden, das ich gegen England mit der Hand erzielt habe. Dafür bitte ich die Engländer ganz ehrlich und tausend Mal um Entschuldigung. Ich würde es aber immer wieder tun."
Über die "Hand Gottes", sein erstes Tor im Viertelfinale der Fussball-Weltmeisterschaft 1986.

"Ich würde es immer wieder tun" ist hier nicht die richtige Einstellung. Wir wollen lieber Fairness.

"Messi habe ich noch nicht gesehen, aber mir wurde gesagt, dass er sehr gut trainiert. Ich habe versucht, ihn anzurufen, aber es ist einfacher, Obama an die Strippe zu bekommen als 'Líó'!"

Ein scherzhafter Kommentar von Maradona zu Messi vor einem WM-Qualifikationsspiels gegen Brasilien.

"Das Schlimmste in meinem Leben habe ich schon hinter mir. Ich war ganz unten, und meine Töchter haben mich da herausgeholt. Jetzt beginnt für mich jeden Morgen ein neuer Tag. Das ist bereits ein Erfolg nach diesen langen Phasen, in denen ich manchmal tagelang wach war oder schlief. Meinen Enkel zu sehen ist wie der Himmel auf Erden. Alles andere ist zweitrangig."

Das ist wohl eine gesunde Einstellung

"Terry Butcher sagt, dass er mir nicht die Hand reichen möchte? Das ist mir egal. Ich erinnere mich noch daran, dass England ein Finale gegen Deutschland mit einem Tor gewann, das keins war... Der Ball war nicht über der Linie! Wir haben es alle gesehen, und niemand hat etwas gesagt. Damals gab es halt keine Wiederholungen. Butcher hat kein Recht, mich zu verurteilen."

Diese Aussage von Maradona ist wohl nicht ganz unrichtig, und man kann sie nachvollziehen.

Die schlimmsten Katastrophen im und um den Fußballsport

Die letzten Seiten dieses Buches schildern zwei negative Kapitel, die den Fußballsport direkt oder indirekt betreffen. Beginnen wir mit den Katastrophen und Unglücken.

1. Am 5.4.1902 kam es zum Einsturz einer Tribüne, bei dem 25 Menschen starben. Dies geschah während eines Länderspiels zwischen Schottland und England in Glasgow.

2. Das nächste große Unglück geschah am 9.3.1946 in Bolton. Während der Partie zwischen Bolton Wanderers und Stoke City stürzte eine Begrenzungsmauer ein, 33 Menschen verstarben.

3. Am 30.03.1955 bricht ein Geländer im Stadion von Santiago de Chile, wobei sechs Menschen getötet wurden. Hier spielte Chile gegen Argentinien.

4. Bei einem Spiel zwischen Chile und Brasilien bricht wieder ein Geländer im Stadion von Santiago de Chile im April 1961, fünf Tote sind zu beklagen.

5. Am 24.5.1964 kam es zu einem Unglück in Peru der Stadt Lima von einem extremen Ausmaß. Bei einem Länderspiel zwischen Peru und Argentinien kam es zu einer Massenpanik. 350 Tote und 500 Verletzte waren die traurige Bilanz.

6. 16 Tote gab es bei einem illegalen Eindringen von Fans in ein überfülltes Stadion in Südkorea am 5.10.1965.

7. Am 27,10.1966 waren 12 Tote in Nicaragua zu beklagen. Es kam zu einem massiven Gedränge an den Ausgängen nach Spielende.

8. In der Türkei in der Stadt Kayseri wurde am 17.9.1967 ein schlimmes Unglück gemeldet. Während des Spiels zwischen Kayserispor und Silvasspor folgten heftige Ausschreitungen nach einem umstrittenen Tor, Resultat 43 Tote und 600 Verletzte.

9. Am 23.6.1968 kam es im Stadion von Buenos Aires zu einer Massenpanik nach Spielende der Partie zwischen River Plate und Bocia Juniors mit 74 Toten und 150 Verletzten.

10. Es folgt der 6.10.1969 in der Demokratischen Republik Kongo der Stadt Bukavu. Bei einer Massenpanik kamen 27 Menschen ums Leben, 107 wurden verletzt.

11. Eine weitere Massenpanik kostete 66 Menschen das Leben. Das Unglück fand am 2.1.1971 in Glasgow statt. Es spielten damals Celtic gegen die Rangers.

12 Am 4.03.1971 folgte eine Schägerei mit vier Toten bei einem Zweitligaspiel in Brasilien der Stadt Salvador.

13. Am 17.02.1974 wurde eine weitere Massenpanik in Ägypten der Stadt Kairo gemeldet. Während der Partie zwischen Zamalek SC und Dukla Prag verursachte diese 49 Tote.

14. Auch Haiti bleibt nicht verschont. In der Stadt Port-au-Prince kam es auch zu einer Massenpanik, verursacht durch Feuerwerkskörper. Fünf Menschen starben während des Länderspiels zwischen Haiti und Kuba.

15. Nun folgt auch Deutschland der traurigen Entwicklung. Am 1.4.1977 ist ein Toter während des Spiels Hamburger SV und dem FC Bayern München zu beklagen. Ein Massensturz war dem vorausgegangen.

16. In Indonesien waren am 16.9.1979 während eines Fußballspiels 12 Menschen ums Leben gekommen, Ursache unklar.

17. Am 8.2.1981 kam es zu einem grob fahrlässigen Verhalten in Griechenland in der Stadt Athen. Nach der Partie zwischen Olympiakos Piräus und dem AEK Athen blieben die Ausgangstore verschlossen, die bittere Folge waren 21 Tote.

18. Am 18.11.1982 in Kolumbien geschah ein weiteres Unglück in der Stadt Cali. Während des Fußballspiels zwischen America de Cali und Deportivo Cali kam es zu einer Massenpanik unter den Zuschauern, 24 Menschen verstarben.

19. In Algerien der Stadt Algier stürzte am 27.11.1982 die Fußballtribüne ein. Acht Menschenleben waren zu beklagen. 27.11.1982

20. Am.11.5.1985 brannte eine Holztribüne in England im Stadion der Stadt Bradford während des Spiels zwischen Bradford City und Lincoln City. Hierbei starben 56 Menschen.

21. Sogar die Stadt Brüssel war schon von einem schweren Unglück im Fußballsport betroffen. Am 29.5.1985 spielte Juventus Turin hier gegen den FC Liverpool. Hierbei kam es zu 39 Toten unter den Zuschauern durch Ausschreitungen, Massenpanik und Einsturz einer Begrenzungsmauer.

22. Am 10.3.1988 spielten in Libyen in der Haupstadt Tripolis Libyen gegen Malta. Auch hier stürzte eine Tribüne ein und 30 Menschen verstarben.

23. In Nepal der Stadt Kathmandu fand am12.03.1988 das Finale um den Tribhuvan Challenge Shield Cup statt. Durch einen Hagelsturm kam es zu einer Massenpanik, 93 Tote und 100 Verletzte die Folge.

24. Durch einen schweren Fehler der Polizei kam es am 15.04.1989 in England der Stadt Sheffield zu einem riesigen Unglück. Während der Partie zwischen Liverpool und Nottingham Forest entstand ein Massenandrang auf einer überfüllten Stehplatztribüne, 96 Menschen und 766 verletzten sich.

25. Auch am 13.1.1991 entstand eine Massenpanik in Südafrika in der Stadt Orkney während des Spiels Orlando Pirates gegen Raizer Chiefs. Hier kamen 42 Menschen ums Leben
.

26. Und wiederum stürzt eine Zusatztribüne ein (!). Am 05.05.1992 in Frankreich der Stadt Bastia war dies der Fall während des Spiels zwischen SC Bastia und Olympique de Marseille. 15 Tote waren zu beklagen und 1300 Menschen blieben verletzt.

27. In Honduras starben während eines Blitzeinschlages im Stadion 16 Menschen und 38 verletzten sich.
03.06.1995

28. Bei einer Massenpanik beim Verlassen des Stadions am 16.06.1996 in Sambia der Stadt Lusaka wurden 15 Menschen getötet.

29. Während eins Fußballspiels in der Haupstadt Libyens kam es zu Ausschreitungen nach einer umstrittenen Schiedsrichterentscheidung am 9.7.1996 mit 70 Toten.

30. Am 16.10.1996 entstand in Guatemala-Stadt wiederum ein Massenandrang auf eine ohnehin schon überfüllte Tribüne während des Spiels Guatemala gegen Costa Rica. Hierbei starben 84 Menschen.

31. Bei einem Länderspiel zwischen Nigeria und Ägypten in Nigeria der Stadt Lagos blieben nach dem Abpfiff die Ausgänge verschlossen, dies verursachte 5 Tote.

32. Ein ungewöhnlicher Grund führte am 26.9.1997 in Halle zu 4 Toten. Dies geschah vor der Partie zwischen Hallescher FC und dem VFL Halle 96.
Ein Fallschirmspringer, der den Spielball bringen sollte, stürzte mit ungeöffnetem Fallschirm in die Menschenmenge im Kassenbereich (!)

33. Am 29.11.1998 wurde in Argentinien in der Stadt Buenos Aires bei einer Meisterfeier im Stadion sogar eine Schusswaffe eingesetzt, ein Fan wurde getötet.

34. Am 30.10.1999 wurde in Jugoslawien während der Partie zwischen Roter Stern und Partizan ein 17-jähriger Fan von einer Leuchtrakete getroffen, der schließlich verstirbt.

35. Bei einer Massenpanik im Stadion von Alexandria starben am 11.1.1999 acht Menschen.

36. Am 23.04.2000 in Liberia der Stadt Monrovia starben während des Länderspiels zwischen Liberia und Tschad drei Menschen wegen eines überfüllten Stadions.

37. Ein übertriebener Polizeieinsatz löste am 9.7.2000 eine Massenpanik in Simbabwe der Stadt Harare aus. In dem Stadion starben 13 Menschen.

38. Am 11.4.2001 kam es wieder zu einer Massenpanik in einem überfüllten Stadion. Im Stadion von Johannesburg starben dadurch während des Spiels zwischen Kaizer Chiefs und Orlando Pirates 47 Menschen.

39. Eine riesige Katastrophe ereignete sich am 9.5.2001 in Ghana der Stadt Accra. Bei der Partie zwischen Accra Hearts of Oak und Kumasi Ashanti Kotoka kamen bei Ausschreitungen, Massenpanik und massivem Polizeieinsatz 126 Menschen ums Leben, 150 wurden verletzt.

40. In einem Stadion von Sambia waren am 3.6.2007 12 Tote zu beklagen.

41. Im Spiel der D.R. Kongo in der Stadt Butembo spielten am 19.9.2008 Socozaki gegen Nyuki System. Hier starben bei einer Massenpanik 13 Menschen, 54 wurden verletzt.

42. Am 29.03.2009 spielten in der Elfenbeinküste der Stadt Abidjan bei einem Länderspiel Elfenbeinküste gegen Malawi. Hierbei kam es unter den Zuschauern zu 19 Toten und 132 Verletzten.

43. Zu einem Horrorszenarium kam es am 1.12.2012 in Ägypten der Stadt Port Said. Bei der Partie zwischen al Ahly Kairo und al-Masry entstanden gewalttätige Ausschreitungen. Die Folge waren 74 Tote und 1000 Verletzte.

44. Am 13.11.2015 in Frankreich der Stadt Saint-Denis spielten Frankreich gegen Deutschland. Bei einem Anschlag mit zwei Explosionen starben drei Menschen.

45. Im Stadion von Uige im Land Angola trat wieder eine Massenpanik auf. Hier kamen am 10.2.2017 17 Menschen ums Leben, 59 wurden verletzt.

46. Im November 2016 stürzte in Kolumbien eine Charter-Maschine ab, in der auch das brasilianische Erstliga-Fußballteam Chapecoense aus der westbrasilianischen Stadt Chapecó reiste. Fast alle Spieler starben dabei und 71 der 77 Passagiere. Die Mannschaft sollte in Medellín das Final-Hinspiel der Copa Sudamericana, dem zweitwichtigsten Vereinswettbewerb des Kontinents, gegen Atlético Medellín bestreiten.

47. Im April 1993 kamen bei einem Flugzeugabsturz in Senegal nach einer Zwischenlandung alle Stammspieler der Fußball-Nationalmannschaft von Sambia ums Leben. Die Militärmaschine stürzte ins Meer.

48. Im Juni 1989 streifte eine DC-8 beim Landeanflug auf Paramaribo einen Baum und zerschellte. Unter den 174 Toten waren auch 16 der in den Niederlanden arbeitende Profifußballer, die in ihrer Heimat Wohltätigkeitsspiele absolvieren wollten.

49. Im Dezember 1987 stürzte ein Flugzeug der peruanischen Marine vor der Küste von Lima ins Meer. Unter den 43 Todesopfern befanden sich auch 16 Spieler der Fußballmannschaft Alianza Lima, darunter vier Nationalspieler.

50. Im Februar 1958 stürzte die Fußballmannschaft Manchester United auf dem Rückflug von einem Europacupspiel bei Roter Stern Belgrad kurz nach einer Zwischenlandung in München mit einer Chartermaschine ab. 23 Menschen starben, darunter acht Fußballspieler. 15 Passagiere überlebten, dazu waren auch, wie durch ein Wunder, Fußball-Legende Bobby Charlton und Trainer Matt Busby

51.Im Mai 1949 streifte eine Maschine mit der Mannschaft des italienischen Fußballmeisters FC Turin an Bord auf dem Rückflug von Lissabon bei Turin einen Kirchturm. Das Flugzeug sürzte ab, alle 31 Insassen kamen ums Leben, darunter 15 Fußballer.

 **Das harte Brot des Fußball-Profis**

Das harte Brot der Profi-Fußballer

Kommen wir zum letzten Kapitel des Buches "Das harte Brot der Profi-Fußballer". Es gibt nur wenige Sportarten, in denen die besten Sportler und Trainer mehr verdienen als im Fußball. Hierzu gehören zum Beispiel Basketball, Golf oder der Formel 1 Sport.

Allerdings gibt es wohl kaum eine zweite Sportart, in der so viele Aktive mehr oder weniger viel Geld verdienen. Selbst in der vierten Liga in Deutschland kann man getrost von Profis sprechen.

In der ersten Bundesliga haben die Gehälter inzwischen astronomische Höhen erreicht (gleich mehr dazu), aber um so mehr und härter wird genau um diese "Arbeitsplätze" gekämpft. Oftmals spielt ein Fußballer nur eine Saison für einen Verein aus der ersten Liga oder sitzt sogar nur ein Jahr auf der Reservebank, und verschwindet dann für alle Zeit in die 4. oder 5. Liga.

Diese Spieler haben mit Sicherheit finanziell nicht ausgesorgt. Natürlich braucht man mit diesen Menschen kein Mitleid zu haben, arbeiten doch etwa 10 Millionen Menschen in Deutschland unter 12 Euro pro Stunde und 6 Millionen Menschen leben von der Sozialhilfe, aber der tiefe sportliche Fall hinterlasst oft psychische Störungen. Ein gewisses Mitgefühl für diese Fußballer kann man schon bekommen. Aus der Traum von Erfolg, Ruhm und Geld. Der ernüchternde Alltag mit "normaler" Arbeit kehrt urplötzlich zurück, der geliebte Sport bringt nur noch ein Taschengeld.

Während meines Sportstudiums von 1984 bis 1988 lernte ich einen hervorragenden Fußballer kennen, der für ein Jahr Vertragsamateur bei einem Verein aus der ersten Liga war.

Hierfür bekam er 50.000 DM, wurde aber kein einziges Spiel aufgestellt. Der betreffende Verein hatte ihn mit großen Versprechungen gelockt, aber nach dem Jahr durfte er wieder gehen. Dieser Fußballer spielte danach nie höher als dritte Liga. Nebenher musste er selbstverständlich einem anderen Beruf nachgehen.

Dies ist nur eine mündliche Überlieferung des betreffenden Spielers. Er erzählte häufig von dieser Geschichte. Man konnte leicht erkennen, wie sehr er unter diesem Scheitern litt.

Ein weiterer realistischer Fall wird in meinem Buch "Fußballer Wamba" geschildert, der von einem Fußballer erzählt, der jederzeit in der Bundesliga hätte spielen können. Er spielte nie höher als 6. Liga. Bemerkenswert ist aber, dass er bis zu 2000 Euro pro Monat dadrch verdiente. Eine solche Einnahme eines Spielers in dieser Amateurklasse ist natürlich eine absolute Seltenheit.

Ich lernte aber noch einen weiteren Fußballer kennen. Dieser hatte einen Profivertrag mit einem Verein aus der ersten Bundesliga, bestritt aber kein einziges Spiel. Dafür bekam er immerhin so viel Geld, dass er sich davon ein Einfamilienhaus kaufte.

Doch nun kommen wir zu den aktuellen Gehältern von Fußball-Profis und Amateurfußballern. Diese sind in den letzten 40 Jahren immer weiter und schneller angestiegen.

Wenn Sie diese Entwicklung von 1848 bis 2018 genauer verfolgen wollen, lesen Sie mein Buch "Könige des Fußballs".

Gehälter in der 1. Bundesliga

Die Gehälter im deutschen Profifußball wachsen mit jedem Jahr immer weiter an. Die Gehaltsangaben, die gleich folgen, sind aber nur geschätzte Zahlen, die aber mit Sicherheit der Realität sehr nah kommen.

Bei den Bundesligisten sieht man nicht nur in Bezug auf die Leistung große Unterschiede, sondern auch bei den Gehältern auf. Ganz oben liegt natürlich der FC Bayern mit großem Abstand. Die Spieler des Rekordmeisters bekommen insgesamt zum Beispiel zwölfmal so viel wie der Kader des SC Freiburg.

Hohe Gehaltsausgaben bedeuten aber nicht immer höheren sportlichen Erfolg. Im normalen Berufsleben bedeuten höhere Gehälter ja auch nicht immer mehr Leistung. Mit dem Hamburger SV und dem 1. FC Köln sind z.B. in der Saison 2017 / 18 zwei Vereine abgestiegen, die sich in der Gehaltstabelle im Mittelfeld befanden. Freiburg hielt sogar erneut die Liga.

Hier wird auch deutlich, warum der Konkurrenzkampf in der 1. Liga so extrem ist. Schon in der 2. Liga sind die Gehälter wesentlich geringer (gleich mehr dazu). Und warum viele Spieler gern zum FC Bayern oder ins Ausland wechseln würden. Die Begründung lautet dann immer "Ich suche eine sportliche Veränderung". Hierzu kann sich jeder seinen Teil ändern.

 **Das harte Brot des Fußball-Profis**

Durchschnittsgehälter der Bundesligisten in der Saison 2017/2018 nach Onlineportal Sporting

Verein	Durchschnittsgehalt
FC Bayern München	5,68 Mio. Euro
Borussia Dortmund	3,00 Mio. Euro
VfL Wolfsburg	1,95 Mio. Euro
FC Schalke 04	1,81 Mio. Euro
Bayer Leverkusen	1,66 Mio. Euro
RB Leipzig	1,39 Mio. Euro
TSG 1899 Hoffenheim	1,23 Mio. Euro
Borussia Mönchengladbach	1,18 Mio. Euro
Hamburger SV	1,11 Mio. Euro
Hertha BSC	1,10 Mio. Euro
1. FC Köln	1,09 Mio. Euro
Eintracht Frankfurt	0,70 Mio. Euro
Werder Bremen	0,68 Mio. Euro
1. FSV Mainz 05	0,62 Mio. Euro
VfB Stuttgart	0,59 Mio. Euro
FC Augsburg	0,57 Mio. Euro
Hannover 96	0,49 Mio. Euro
SC Freiburg	0,49 Mio. Euro

Die Topverdiener

Die Topverdieber in der Saison 2017 / 18 waren Robert Lewandowski, Manuel Neuer und Thomas Müller mit jeweils 15 Millionen Euro im Jahr. Insgesamt soll Müller aber die höchsten Gesamteinnahmen in der Bundesliga haben. Inklusive Prämien und privaten Ausrüster- und Sponsoringverträgen usw. kommt er wohl auf 24 Millionen Euro pro Jahr.

Hier sieht man die extremen Unterschiede der Gehälter in der 1. Bundesliga.

Persönlicher Kommentar: Die hohen Gehälter sind in Bezug auf die Realeinkommen der normalen Berufstätigen nicht gerechtfertigt. Auch die großen Unterschiede noch einmal in der 1. Bundesliga sind meiner Meinung nach auch ungerecht. Aber wenn die Vereine das Geld haben, und auch bezahlen, ist es vollkommen legitim in der freien Marktwirtschaft.

 **Das harte Brot des Fußball-Profis**

Gehälter von der 2. Bundesliga bis zur Oberliga

Ein Zweitligagehalt liegt bei etwa 90.000 bis 250.000 Euro
pro Jahr, und unterscheidet sich damit deutlich von den Gehältern in der ersten Bundesliga.

Hier erkennen wir, welche finanziellen Folgen ein Abstieg von
der ersten in die zweite Liga hat. Oder warum ein Aufstieg in
die erste Bundesliga auch ein vielfaches des Gehaltes bedeutet. Bei einem Abstieg ist daher die sportliche Verschlechte-
rung für viele Spieler nur Nebensache.

Aber da gibt es noch ein Problem ganz anderer Art. Bei einem
Aufstieg müssen die Spieler auch damit rechnen, dass sie gar
nicht mehr in den Kader aufgenommen und durch bessere
Spieler ersetzt werden. Bei einem Abstieg versuchen die
Spieler oft einen Vereinswechsel, damit sie in der ersten Bundesliga bleiben können. Insgesamt müssen wir hier aber festhalten, dass die Gehälter für zweitklassige Spieler immer
noch sehr hoch sind. In anderen Sportarten verdienen die
Athleten in der 2. Liga wenig oder sogar gar kein Geld.

Ein Drittligagehalt beläuft sich auf 40.000 bis 120.000 Euro,
und ist damit für drittklassige Spieler extrem hoch, aber
längst nicht so übertrieben wie in der 1. Bundesliga.

In der Regionalliga kommt ein Spieler auf 20.000 bis 80.000
Euro Jahresgehalt. Dies ist eine Schätzung vieler Experten mit
der ich konform gehe. Sagen wir mal vorsichtig formuliert, eine inoffizielle Teilauszahlung ist in dieser Liga nicht auszu-
schließen. Offiziell ist die 4. Liga allerdings keine Profi-Liga.
Wenn allerdings ein Regionallliga-Spieler behaupte, er

bekomme nur 200 Euro pro Monat, zweifel ich das stark an.

Die Oberliga ist eigentlich die undankbarste Liga, die es in Deutschland gibt. Sie ist inoffiziell die höchste Amateurliga, und nur einen Aufstieg vom "richtigen Geld" entfernt. Geschätzt liegt hier das Jahresgehalt (wenn man es so nennen will) bei 5000 bis 12.000 Euro. Deswegen versucht ein Regionalliga-Spieler mit allen Mittteln, in seiner Klasse zu bleiben, oder noch hochklassiger zu spielen.
Die Vergütung in der Oberliga ist vollkommen gerecht. Die Jungens hier können allle Fußball spielen, trainieren viermal pro Woche und opfern auch noch einen Teil ihres Wochenendes. Doch rechnen wir einmal den Stundenlohn mit An- und Abfahrt. Wir kommen auf etwa 50 Stunden monatlicher Arbeitszeit. Dies entspricht lediglich einen Stundenlohn von 10 bis 20 Euro.

In der Landesliga und Verbandsliga (also 6. Liga meine ich mit Verbandsliga) kommt man auf eine Vergütung von etwa 3000 bis 5000 Euro, die ich ebenfalls als angemessen empfinde.

In der Kreisliga und Bezirksliga liegt die Vergütung bei etwa 0 bis 3000 Pro Jahr, geht wohl auch in Ordnung.

 # Literaturverzeichnis

Schnepper, W.: Könige des Fußballs, BOD, 2017

Schnepper, W.: Fußballer Wamba, BOD, 2019

Manfred Claßen, Wolfgang Schnepper: Spielsysteme im Fußball, Books on Demand Norderstedt 2013, ISBN 978-3-8482-5143-8.

Manfred Claßen, Wolfgang Schnepper: Konter im Fußball, Books on Demand Norderstedt 2013, ISBN 978-3-7322-8108-4.

Wolfgang Schnepper: Herz, Sport, Fitness und Gesundheit, Sportverlag Linwolf 1995, ISBN 3-98044212-0-1.

Manfred Claßen, Wolfgang Schnepper: Taktiktraining im Jugendfußball, Books on Demand Norderstedt 2011, ISBN 978-3-8423-6372-4.

Manfred Claßen, Wolfgang Schnepper: Taktiktraining im Jugendfußball 2, Books on Demand Norderstedt 2012, ISBN 978-3-8391-8830-9.

Manfred Claßen, Wolfgang Schnepper: Pressing mit System, Books on Demand Norderstedt 2012, ISBN-3-8482-1208-8.

Grüne, Hardy: Fußball-WM-Enzyklopädie 1930–2006, AGON-Sportverlag, Kassel, 2004, ISBN 3-89784-261-0.

Hans J. Müllenbach: *Fussball-Weltmeisterschaft Italien 1934*, 1991, ISBN 3-86125-001-2

Raphael Keppel: WM 34 – *2. Fussball-Weltmeisterschaft 1934 in Italien*, 1990, ISBN 3-928562-00-2

Notizen